Pr Albert présente

LA PHYSIQUE QUANTIQUE

MÊME PAS PEUR !

Nathan

L'édition originale de ce livre est parue sous le titre
Dr. Albert presenta Mi primer libro de Fisica Cuantica
chez Editorial Juventud, S.A. © 2017, à Barcelone.

Édition française
© 2019 Éditions NATHAN, SEJER, 25 avenue Pierre de Coubertin 75013 Paris
Traduction : Benjamin Zelvelder
Réalisation : MZ Éditions (Michel Zelvelder)
N° d'éditeur : 10249752
ISBN : 978-2-09-259035-5
Dépôt légal : octobre 2019
Achevé d'imprimer en août 2019
par Graficas Estella (Estella, Navarre, Espagne)

Loi n° 49-956 du 16 juillet 1949
sur les publications destinées à la jeunesse,
modifiée par la loi n°2011-525 du 17 mai 2011.

Pendant des siècles, l'Homme essaya de comprendre le monde d'après ce qu'il pouvait voir ou ressentir. Certaines choses ne pouvant être expliquées, comme les étoiles ou l'origine du monde, il eut recours aux mythes et aux religions. Du sommet d'une montagne, par exemple, il est très difficile de s'imaginer que la Terre est ronde ou de se rendre compte de l'immensité de l'Univers. Il a donc fallu oser penser autrement pour en arriver à de telles conclusions.

La plupart des civilisations anciennes croyaient en un ou plusieurs dieux. Elles pensaient que des divinités avaient créé le monde que nous connaissons. Dans la mythologie hindoue, par exemple, la Terre est portée par quatre éléphants, eux-mêmes juchés sur le dos d'une tortue qui repose sur un serpent mangeant sa propre queue. En Europe, autrefois, tout le monde pensait que la Terre était plate.

Les philosophes de la Grèce antique pensaient que nos seuls sens ne suffisaient pas pour comprendre le monde. Ils ont ressenti le besoin de mener des observations et d'utiliser beaucoup de mathématiques. Deux siècles avant notre ère, le Grec Ératosthène réussit à calculer la circonférence de la Terre. Les Arabes Al-Fraghani et Al-Biruni y parviendront également quelques siècles plus tard.

À la fin du Moyen Âge, l'idée que la Terre pouvait être ronde commençait à faire son chemin. Cependant, on croyait toujours qu'elle était au centre de l'Univers et que le Soleil lui tournait autour. Copernic osa penser différemment et, en s'appuyant sur ses observations astronomiques, il plaça le Soleil au centre de notre système planétaire.

Isaac

NEWTON

Depuis le XVIe siècle, nous commençons à comprendre le monde de façon scientifique grâce à des hommes comme Galilée ou Newton.

Pourquoi une pomme tombe-t-elle d'un arbre ? Tout le monde sait que les objets tombent au sol, mais Isaac Newton fut le premier à répondre à cette question de manière scientifique.

À partir d'observations et de calculs, il établit la loi universelle de la gravitation, qui explique, entre autres, pourquoi les choses tombent au sol, pourquoi la Lune tourne autour de la Terre et pourquoi les planètes orbitent autour du Soleil.

Il établit aussi les trois lois du mouvement (encore appelées lois de Newton), qui expliquent pourquoi et comment les choses bougent. Ces lois permettent de calculer la trajectoire d'une boule de billard ou la force nécessaire pour qu'un ballon atteigne les buts adverses.

Ce que l'on peut faire avec la physique de Newton

Calculer la parabole que décrit un boulet de canon

Calculer la trajectoire d'une fusée

Un univers mécanique

À la fin du XIXe siècle, les lois de la NATURE découvertes par des scientifiques comme Newton ont permis d'expliquer la plupart des phénomènes qui ont lieu dans notre monde en ayant recours aux MATHÉMATIQUES.

Ces lois (ou théories) sont regroupées sous le nom de physique classique ou newtonienne. Grâce à elles, des progrès majeurs ont été accomplis en ingénierie, dans l'industrie et en astronomie.

Il semblait que les scientifiques avaient à peu près tout calculé, mais...

Prévoir les éclipses solaires

Construire des ponts

Les choses ont changé avec

les fameux QUANTA de Max PLANCK

Un morceau de métal froid n'émet PAS de LUMIÈRE. Quand on commence à le chauffer, il n'en émet toujours pas. Mais si on le chauffe beaucoup, il devient ROUGE (il émet de la lumière rouge) ; et si on le chauffe davantage, il devient blanc et donc émet de la lumière BLANCHE.

Le scientifique Max Planck chercha une relation entre la LUMIÈRE émise par un objet chaud et sa température.

Mais, à sa grande surprise, la PHYSIQUE de son temps n'était PAS capable d'expliquer ce qu'il se passait ! Après y avoir beaucoup réfléchi, Planck ne trouva qu'une seule façon de décrire ses expériences, en utilisant des mathématiques. C'était de diviser l'énergie émise par un objet chaud en tout petits paquets qu'il appela QUANTA.

Les QUANTA sont des « paquets » d'ÉNERGIE indivisibles, c'est-à-dire qu'on ne peut diviser en paquets plus petits.

TU SAVAIS QUE PLANCK AVAIT EXPLIQUÉ POURQUOI LES OBJETS ÉMETTENT DE LA LUMIÈRE QUAND ILS SONT CHAUFFÉS ?

Des quanta en petite quantité

L'énergie

On se fait tous une idée de ce qu'est l'énergie, mais essayer de la décrire est un peu plus compliqué. En PHYSIQUE, l'énergie, c'est la capacité à effectuer un travail.

L'énergie NE PEUT être ni CRÉÉE ni DÉTRUITE, elle ne peut qu'être transformée d'une façon ou d'une autre.

D'après la PHYSIQUE CLASSIQUE, l'énergie est CONTINUE : on peut la diviser en autant de petites portions que l'on veut. Or, le fait que les QUANTA de Planck soient INDIVISIBLES est en contradiction avec cette idée.

AVEC LES QUANTA, LES SCIENTIFIQUES ONT COMPRIS POUR LA PREMIÈRE FOIS QUE DES PHÉNOMÈNES PHYSIQUES POUVAIENT AVOIR DES COMPORTEMENTS DIFFÉRENTS DE CEUX QUE L'ON OBSERVE À NOTRE ÉCHELLE.

Mais tout d'abord, retournons un peu dans le passé pour parler du

Mystère de la LUMIÈRE

ONDE ou PARTICULE ?

Déjà au temps de Newton, on se demandait si la lumière était constituée d'ondes ou de particules.

Pour Newton, la lumière était formée de PARTICULES qui se déplacent en ligne droite.

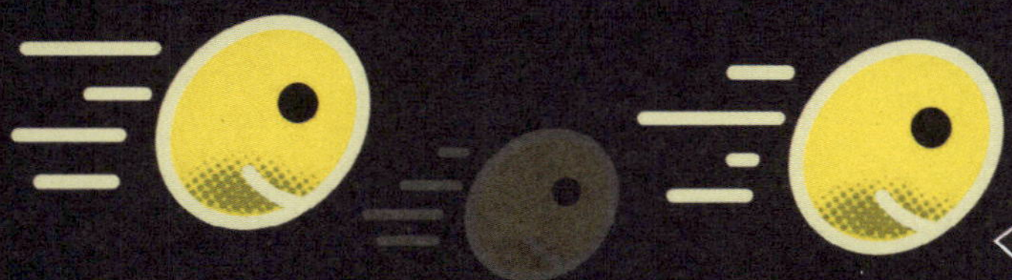

Or beaucoup d'autres scientifiques pensaient que la lumière était constituée d'ONDES. Selon eux, si ce n'était pas le cas, il serait impossible d'expliquer des phénomènes comme la RÉFLEXION, la RÉFRACTION ou la DIFFRACTION de la lumière.

PHÉNOMÈNES DE LA LUMIÈRE

La **RÉFLEXION**, c'est quand la lumière rebondit sur une surface, comme quand on se regarde dans un miroir.

La **DIFFRACTION**, c'est quand la lumière est déviée par un obstacle ou une fente.

La **RÉFRACTION**, c'est quand la lumière change de direction lorsqu'elle passe d'un milieu à un autre, de l'air à l'eau par exemple. C'est pour cela qu'un crayon plongé dans un verre d'eau nous apparaît « cassé ».

QU'EST-CE QU'UNE PARTICULE ?

Une particule est une toute petite portion de matière.

Les grains de sable sont les particules d'une plage par exemple. Nous allons voir que tout est fait de particules incroyablement petites, appelées atomes.

MAXWELL ET LES ONDES LUMINEUSES

À la fin du XIXe siècle, James Clerk Maxwell comprit que le comportement de la lumière pouvait être décrit par des équations mathématiques, comme si elle était formée d'ONDES. Mais... DES ONDES DE QUOI ?

Réponse : la lumière est composée d'ondes à la fois électriques et magnétiques, des ondes ÉLECTROMAGNÉTIQUES en d'autres termes.

MAXWELL EST À L'ORIGINE DE QUATRE ÉQUATIONS QUI DÉCRIVENT TOUS LES PHÉNOMÈNES ÉLECTROMAGNÉTIQUES.

QU'EST-CE QU'UNE ONDE ?

Une ONDE transporte de l'énergie mais PAS de matière. En fait, c'est la propagation d'une perturbation.

Par exemple, quand on jette une pierre dans l'eau, on perturbe l'eau et cela produit des ondes.

L'énergie des ondes se propage au moyen de « vagues » plus ou moins grandes.

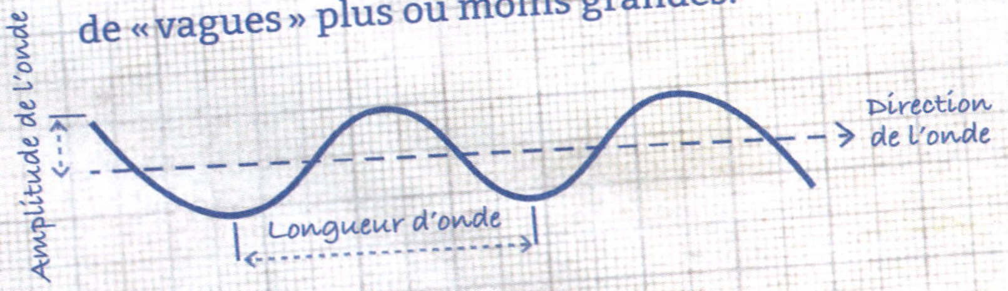

La lumière se déplace à une vitesse INCROYABLE.

La vitesse de la LUMIÈRE atteint 300 000 km par SECONDE

À cette vitesse, il serait possible de faire sept fois et demie le tour de la Terre en une seule seconde.

ALORS ESSAIE D'IMAGINER LA DISTANCE QUE REPRÉSENTE UNE ANNÉE-LUMIÈRE, C'EST-À-DIRE LA DISTANCE PARCOURUE PAR LA LUMIÈRE EN UN AN.

C'est ainsi que Maxwell prit position dans le vieux débat « onde ou particule ? » ; selon lui, la lumière se comporte comme une onde.

Il semblait alors que le problème était résolu, mais les choses se sont encore compliquées...

EINSTEIN et la LUMIÈRE

EN 1900, LES PHYSICIENS AVAIENT UN NOUVEAU PROBLÈME À RÉSOUDRE.

Comment expliquer l'effet PHOTOÉLECTRIQUE*, qui permet de transformer la lumière en électricité ?

* « Photo » signifie « lumière » en grec ancien.

Mais qu'est-ce que c'est... l'électricité ?

Les électrons sont des particules d'atome (on en parlera plus tard) chargées négativement.

Le courant électrique correspond au mouvement d'électrons au sein de la matière.

En quoi consiste l'effet PHOTOÉLECTRIQUE ?

Imaginons un circuit électrique avec une lampe, une pile et deux lames métalliques qui se font face. Si on éclaire les deux lames avec une lumière VIOLETTE, l'ampoule s'allume.

C'est parce que des électrons sautent d'une lame de métal à l'autre que le courant électrique peut circuler.

Si on fait la même expérience avec une lumière ROUGE, l'ampoule ne s'allume PAS. C'est parce que les électrons ne sautent PAS et donc que le courant électrique ne passe PAS d'une lame à l'autre.

Pourquoi la lampe s'allume-t-elle dans un cas et pas dans l'autre ?

En faisant appel aux QUANTA de Planck, EINSTEIN montra que l'on pouvait expliquer l'effet photoélectrique si la lumière était formée de particules (qu'il appela PHOTONS) et non d'ondes. Il réussit à expliquer l'effet photoélectrique de la manière suivante :

Si on éclaire le métal avec de la lumière VIOLETTE, les PHOTONS heurtent les électrons du métal, qui s'échappent alors un par un.

Par contre, les PHOTONS de la lumière ROUGE n'ont pas assez d'énergie pour déranger les électrons du métal. Même si on les envoie en grand nombre, ils n'arrivent pas à faire passer le courant.

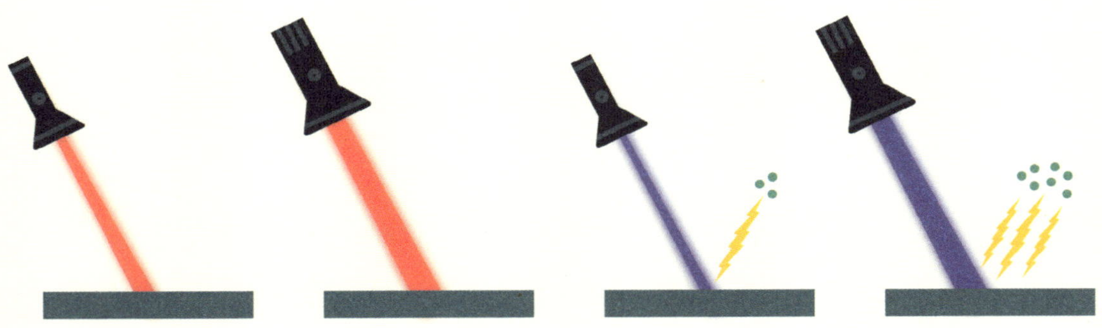

Aujourd'hui, on utilise l'effet photoélectrique pour différents usages : ouvrir ou fermer des portes automatiques d'ascenseurs ou de magasins, par exemple, ou produire de l'électricité dans les panneaux solaires.

PHOTONS

PARTICULES DE LUMIÈRE

Les photons sont les particules élémentaires qui constituent la lumière.

Les photons peuvent aussi être appelés QUANTA de LUMIÈRE. Einstein aimait les appeler QUANTA d'ÉNERGIE.

Ce sont des particules très particulières : elles n'ont pas de MASSE, sont INDIVISIBLES et se déplacent à la VITESSE de la LUMIÈRE (300 000 km/s).

FRÉQUENCE

La couleur de la lumière est déterminée par sa FRÉQUENCE, c'est l'une de ses principales caractéristiques.

La lumière est composée de photons d'énergies et donc de couleurs différentes. On peut avoir des photons bleus, verts, jaunes, rouges, etc.

Plus la fréquence d'un PHOTON est élevée, plus il possède de l'énergie.

La fréquence de la lumière bleue est plus élevée que celle de la lumière rouge : les photons BLEUS ont donc plus d'énergie que les photons ROUGES.

Les photons **BLEUS** ont plus d'énergie que les photons **ROUGES**.

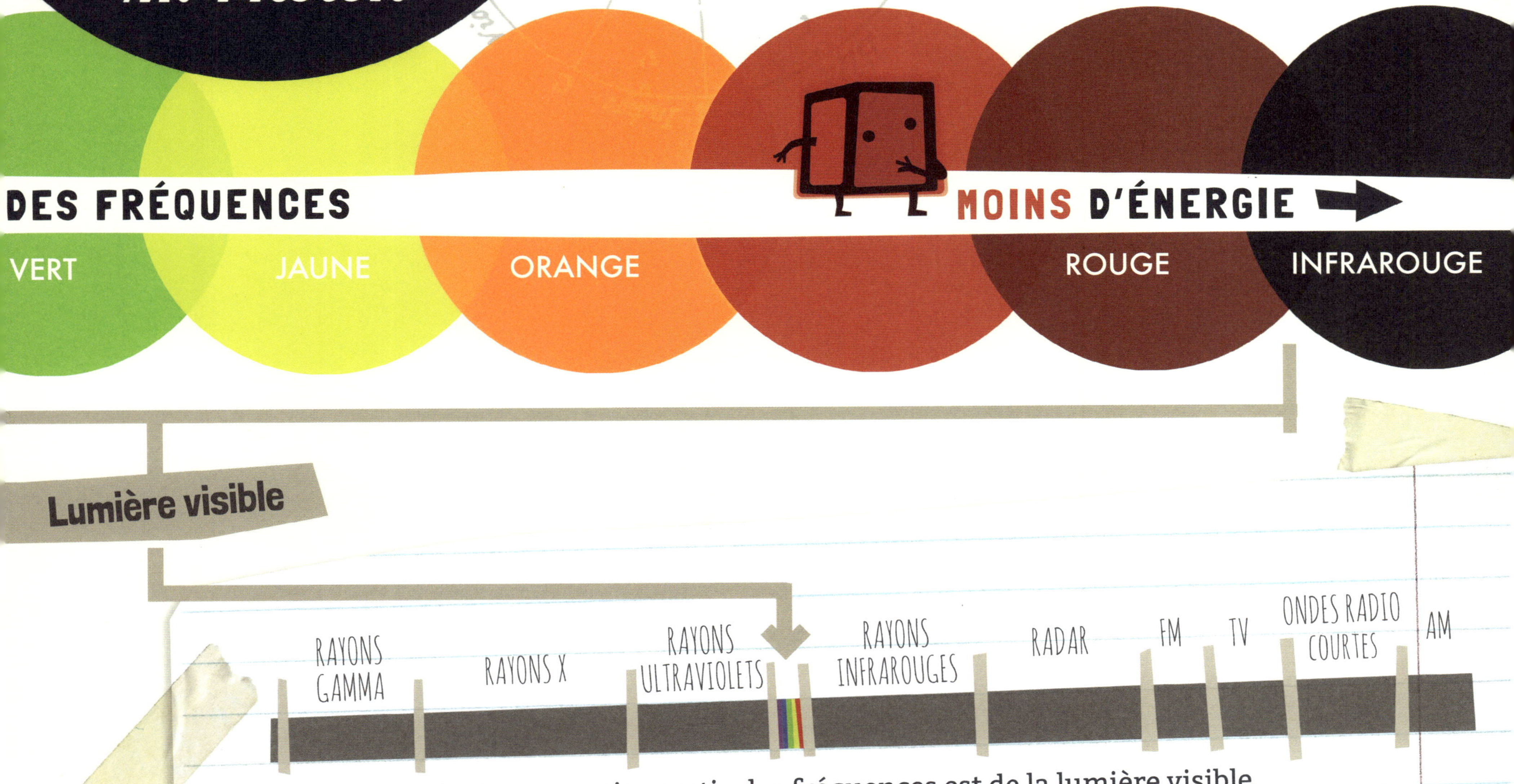

Seule une petite partie des fréquences est de la lumière visible. Les ultraviolets *(qui veut dire au-delà du violet)* et les infrarouges *(en dessous du rouge)* sont invisibles pour nous.

Alors qu'est-ce qu'on décide ?

ONDES OU PARTICULES ?

Le dilemme...

Considérer la lumière comme une onde nous permet d'expliquer le phénomène de la diffraction (Maxwell).

L'effet photoélectrique et d'autres phénomènes lumineux ne peuvent être expliqués que si la lumière est formée de particules (Newton et Einstein).

Certains phénomènes peuvent être expliqués par les deux théories, comme le fait que la lumière se déplace en ligne droite (réflexion et réfraction).

On a finalement deux visions contradictoires de la réalité. Prises séparément, aucune des deux théories n'explique les différents comportements de la lumière, alors que prises ENSEMBLE, SI.
(*Albert Einstein*)

Nous devons accepter le fait que la lumière se comporte parfois comme une onde, parfois comme une particule.

Étrange n'est-ce pas ? Mais qu'est-ce qui fait qu'elle se comporte d'une façon ou d'une autre ?

En fait, ça dépend de la manière dont on observe les choses, c'est-à-dire du type d'expérience que l'on mène.

LE COMPORTEMENT ÉTRANGE DE LA LUMIÈRE NE COLLAIT PAS AUX ANCIENNES LOIS DE LA PHYSIQUE. C'EST AINSI QUE LA THÉORIE QUANTIQUE EST NÉE.

Ce comportement très bizarre de la lumière s'appelle

LA DUALITÉ ONDE-PARTICULE.

Mais le plus incroyable, c'est que cette dualité onde-particule ne s'applique pas seulement à la lumière. D'autres particules se prennent aussi pour des ondes.
Mais nous verrons ça plus tard.

RUTHERFORD et La structure de l'ATOME

En combien de parts peut-on couper un gâteau ?

On peut commencer par le couper en deux, puis couper les moitiés en deux, encore et encore... Mais jusqu'à quand peut-on le couper ainsi ?

MAIS CE N'EST QUE DEUX MILLE ANS PLUS TARD QUE LES PHYSICIENS DÉCOUVRIRONT L'ATOME !

En Grèce antique, il y a 2500 ans environ, les hommes se demandaient de quoi était constituée la matière.

Certains savants pensaient que l'on pouvait couper les choses en deux aussi longtemps qu'on le voulait.

D'autres, comme Démocrite, pensaient au contraire qu'au bout d'un certain temps la matière ne pourrait plus être divisée. En d'autres termes, elle serait formée de particules INDIVISIBLES. Ces particules ont été baptisées ATOMES (en grec, « atome » signifie justement « qui ne peut être divisé »).

En 1909, Ernest RUTHERFORD mena une expérience célèbre qui prouva l'existence de l'atome et en révéla sa structure.

Il a bombardé une mince feuille d'or avec des particules ALPHA, comme si c'étaient des balles de fusil, pour voir ce qu'il se passait.

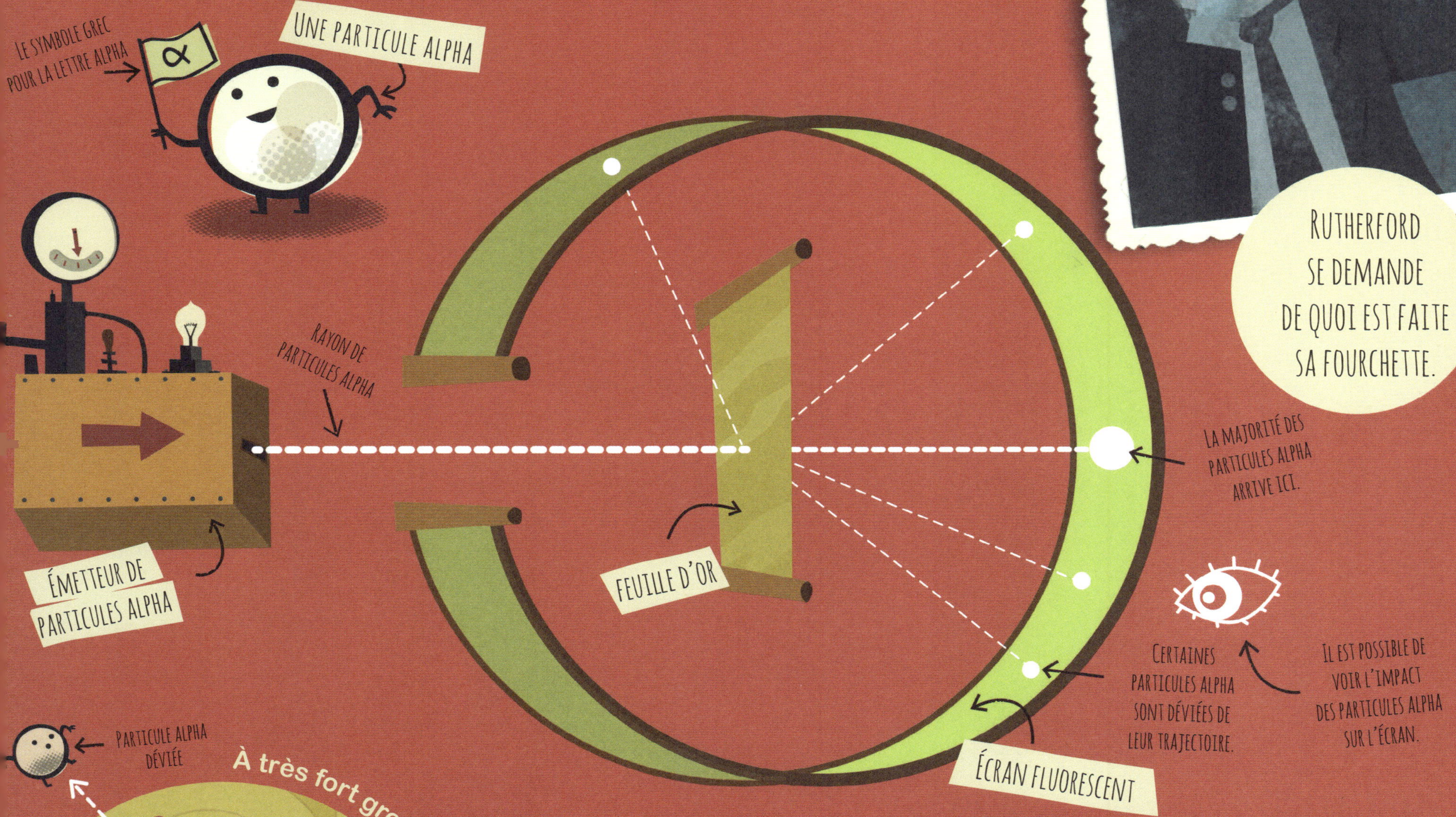

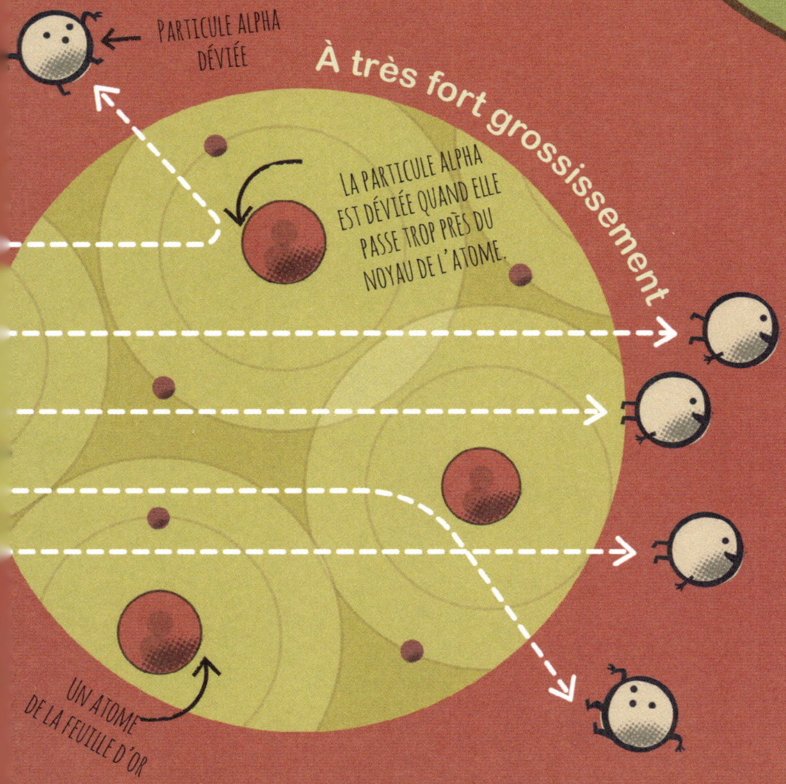

Il remarqua que la plupart des particules avaient traversé la feuille d'or. Seules quelques-unes avaient été légèrement déviées. Mais la chose la plus INCROYABLE, c'est qu'une particule sur 8000 environ rebondissait et repartait dans l'autre sens.

« C'était comme si vous tiriez une balle contre une feuille de papier et qu'elle rebondissait vers vous », dit Rutherford.

Grâce à cette expérience, Rutherford conclut que l'atome est constitué d'un noyau petit et compact, et d'électrons tout autour.

Comme la majorité des particules alpha passe à travers la feuille d'or sans rebondir, c'est qu'une grande partie de l'atome est constituée… de VIDE !

L'ATOME

Toute la matière est constituée d'ATOMES, et ces atomes sont eux-mêmes formés de différentes particules : des électrons, des protons et des neutrons.

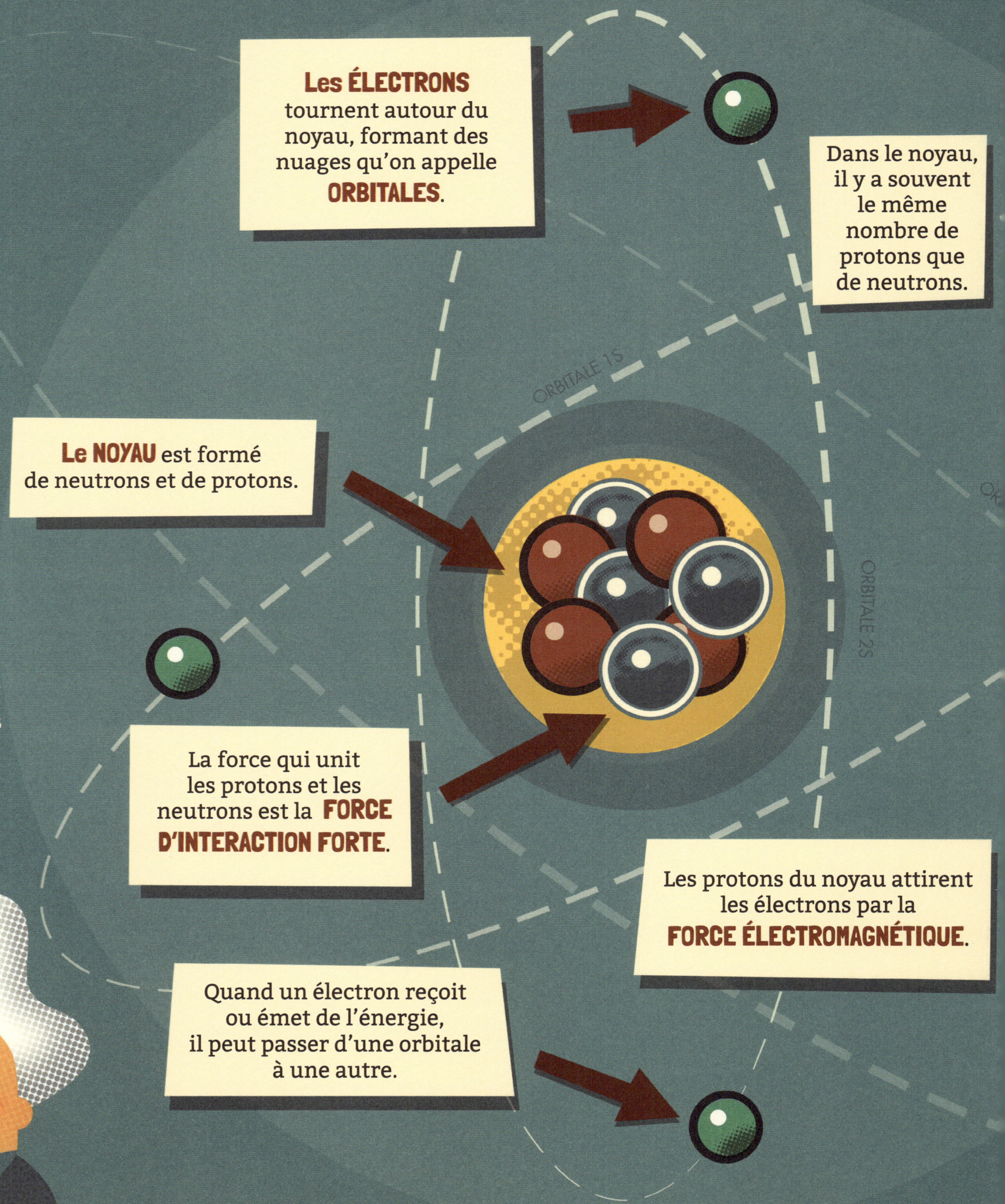

Les ÉLECTRONS tournent autour du noyau, formant des nuages qu'on appelle **ORBITALES**.

Dans le noyau, il y a souvent le même nombre de protons que de neutrons.

Le NOYAU est formé de neutrons et de protons.

La force qui unit les protons et les neutrons est la **FORCE D'INTERACTION FORTE**.

Les protons du noyau attirent les électrons par la **FORCE ÉLECTROMAGNÉTIQUE**.

Quand un électron reçoit ou émet de l'énergie, il peut passer d'une orbitale à une autre.

ÉLECTRON

Il est petit et porte une charge **négative**.

NOYAU

PROTON

Il est petit et porte une charge **positive**.

NEUTRON

Il est petit et ne porte pas de charge. Il est **neutre**.

Une vision plus correcte de l'atome ressemblerait à ça :

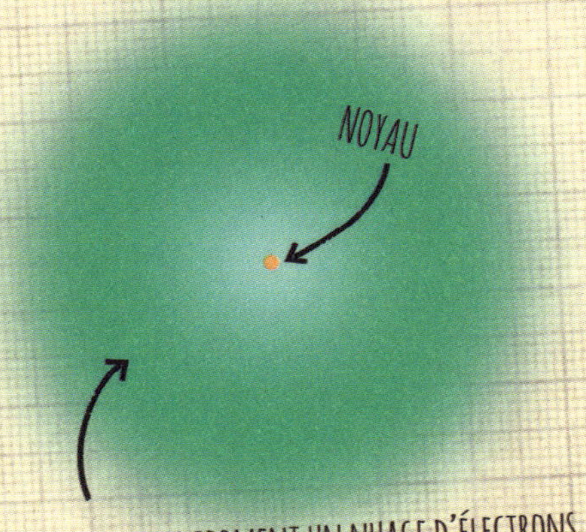

Contrairement à ce que l'on croyait encore il y a 50 ans, les protons et les neutrons ne sont pas indivisibles : ils sont constitués de particules encore plus minuscules appelées QUARKS.

Mais alors...

NOUS SOMMES VIDES !

Si le noyau d'un atome avait la taille d'une balle de tennis, les électrons en seraient distants de plusieurs kilomètres !

La majeure partie d'un atome est de l'espace vide et, comme on est fait d'atomes, ça veut dire que...

... NOUS SOMMES CREUX !

TOUT EST FAIT D'ATOMES !

Tout ce qui nous entoure est formé d'atomes.

On peut dire que ce sont les briques de construction de notre monde. Avec différentes briques, on peut fabriquer du verre, un bout de bois, le papier de ce livre, l'air que nous respirons, ton animal de compagnie, TES AMIS, TES PARENTS ET TOI AUSSI !

Tous les atomes sont constitués des mêmes particules (protons, neutrons et électrons), dont le nombre permet d'en distinguer différents types. Mais seul le nombre de protons suffit à tous les différencier.

Ces différents types d'atomes sont appelés ÉLÉMENTS. Un atome d'HYDROGÈNE, l'élément le plus léger, n'a par exemple qu'un proton dans son noyau. L'atome d'URANIUM, l'un des plus lourds, en contient 92.

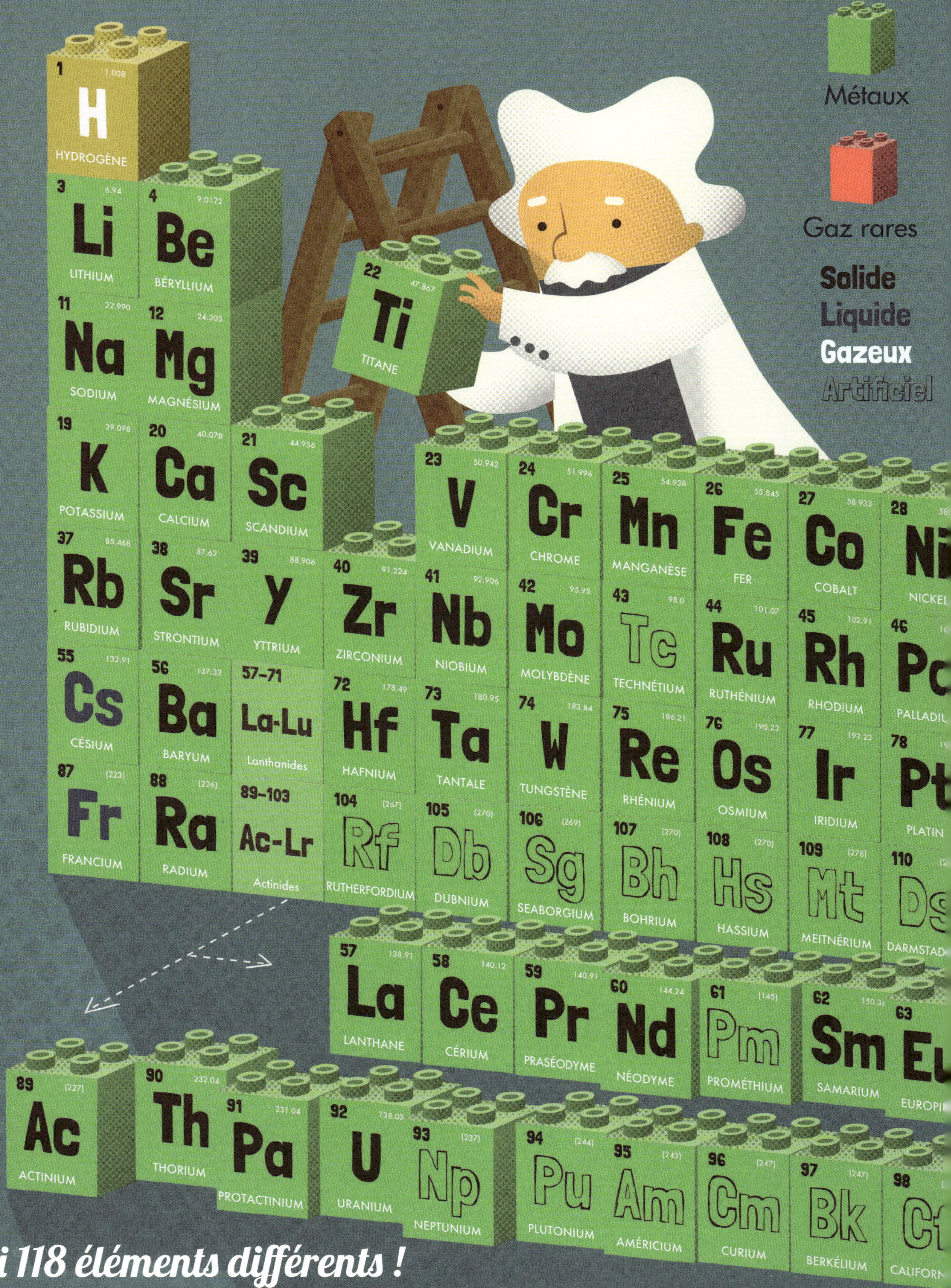

On connaît aujourd'hui 118 éléments différents !

Et on continue d'en découvrir...

LE TABLEAU PÉRIODIQUE DES ÉLÉMENTS

Certains éléments sont lourds, d'autres légers. Certains sont mous, d'autres durs. À température ambiante, certains sont des gaz, d'autres des liquides, d'autres encore des solides. Certains sont des métaux, d'autres non. Chaque élément est UNIQUE et a ses propres caractéristiques.

Dmitri MENDELEÏEV est un savant russe qui a classé les éléments dans un tableau qu'il a appelé TABLEAU PÉRIODIQUE. Dans ce tableau, les éléments sont rangés par ordre croissant du nombre de protons, de gauche à droite et de haut en bas. Il est constitué de telle façon que les éléments qui ont les mêmes propriétés chimiques sont dans les mêmes colonnes.

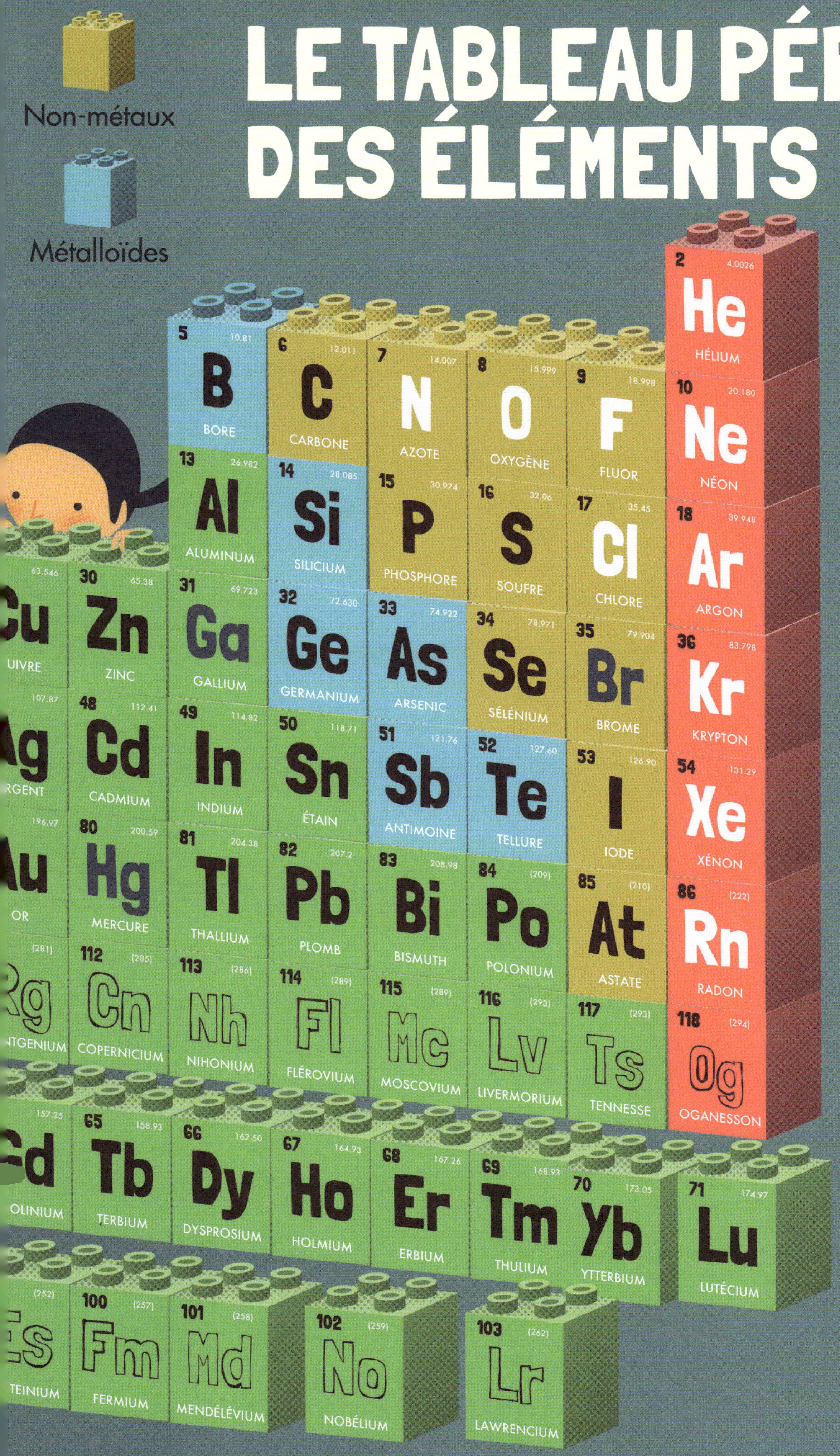

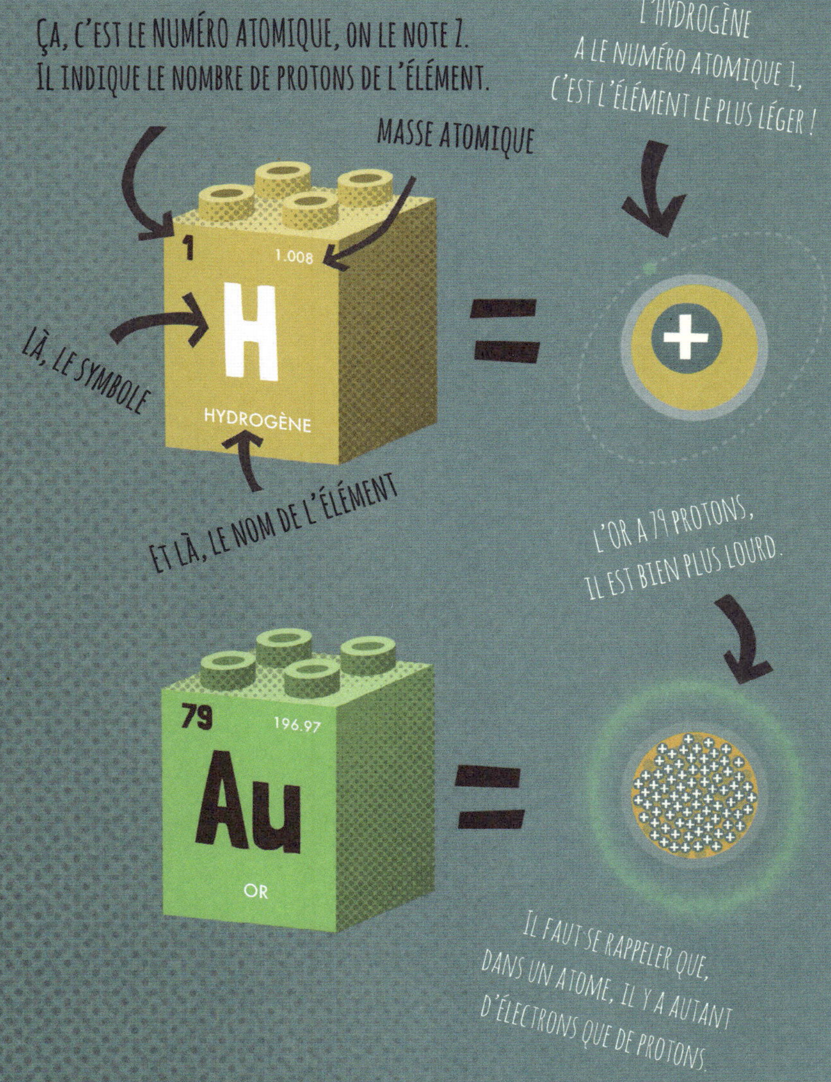

Les MOLÉCULES

En combinant des atomes de différents éléments du tableau périodique, on peut obtenir tout ce qui existe dans la nature.

La plupart des objets, vivants ou non, sont constitués de groupes d'atomes appelés **MOLÉCULES.**

Les atomes de chaque molécule sont liés entre eux, parce qu'ils partagent des électrons appelés « électrons de valence ».

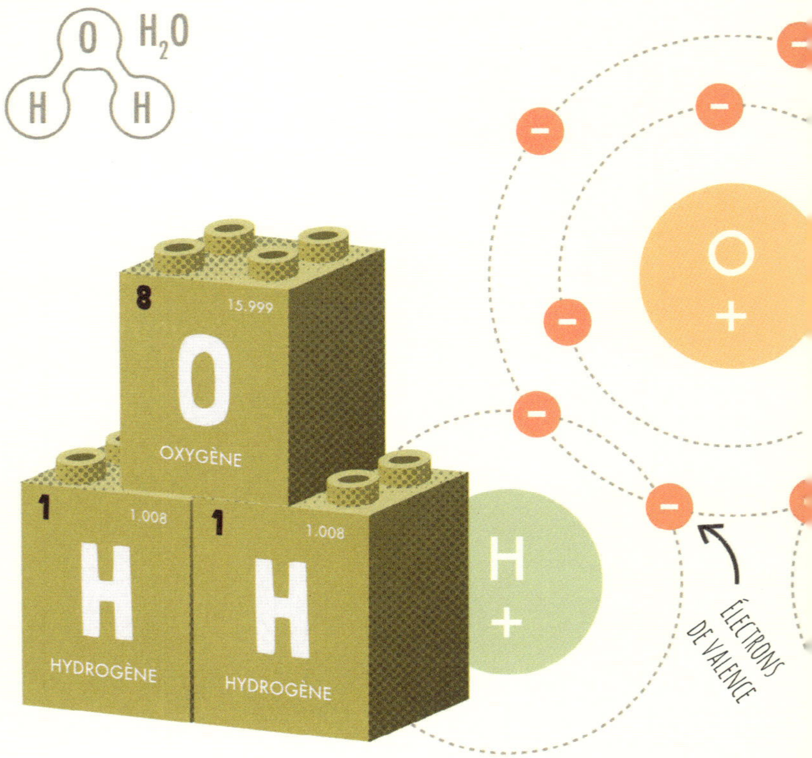

Si on combine un atome d'oxygène avec deux atomes d'hydrogène, on obtient une MOLÉCULE D'EAU.

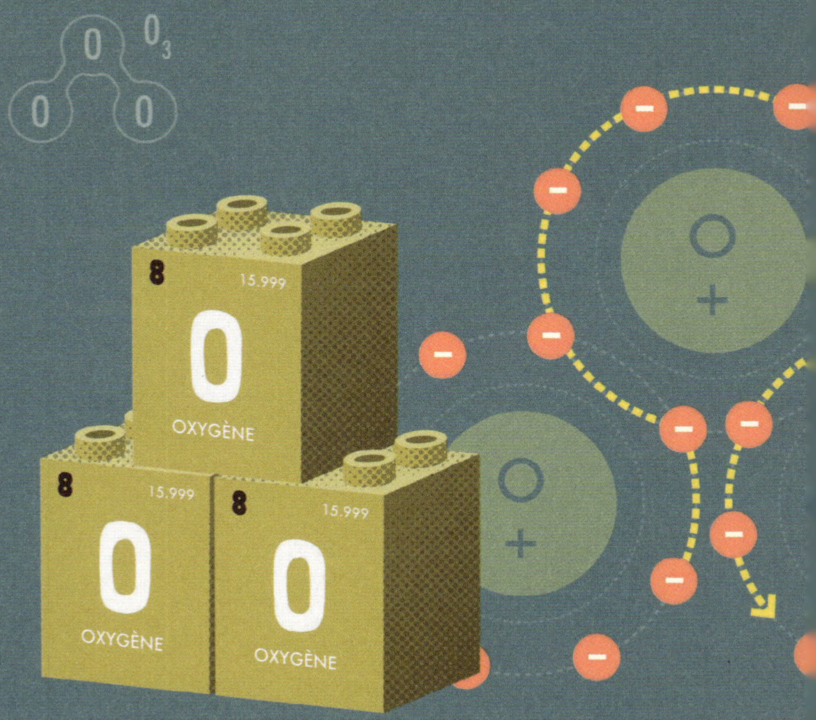

Si on regroupe trois atomes d'oxygène, on obtient de l'OZONE, un gaz toxique très dangereux.

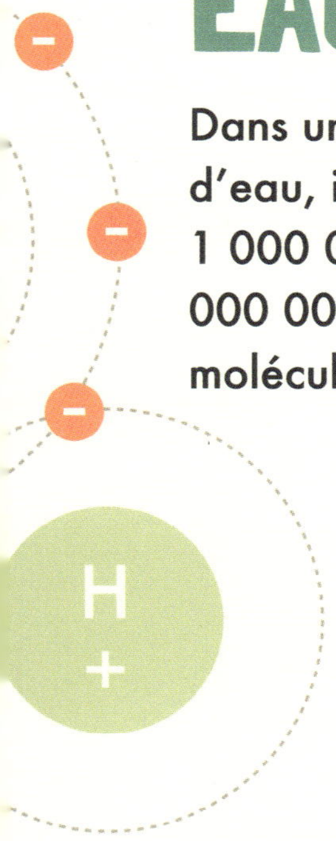

EAU

Dans une seule goutte d'eau, il y a environ 1 000 000 000 000 000 000 000 molécules d'eau !

GLUCOSE

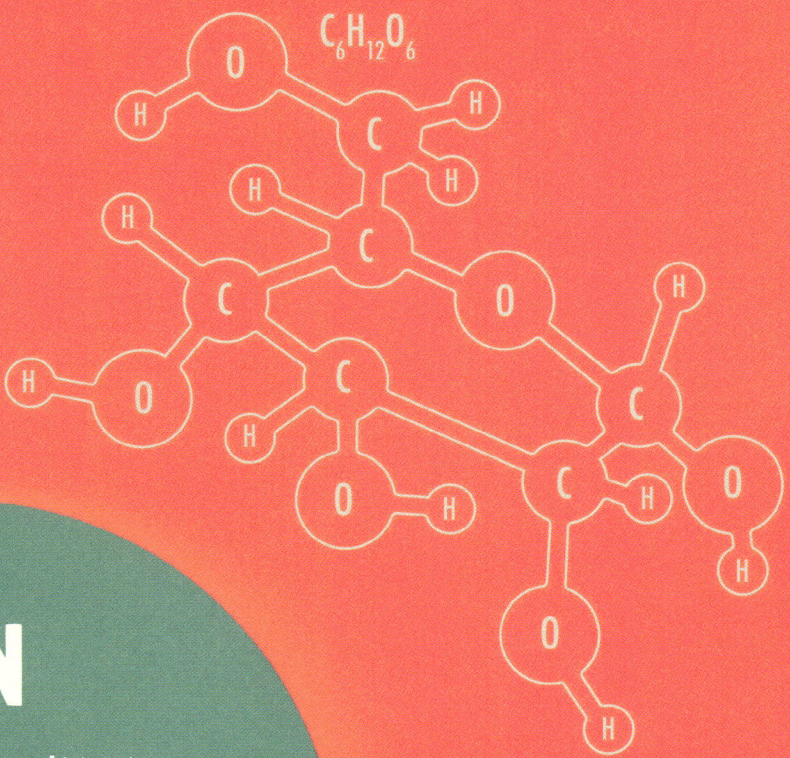

La molécule de glucose (une sorte de sucre) regroupe 24 atomes : 6 atomes de carbone, 12 atomes d'hydrogène et 6 atomes d'oxygène.

ADN

Les molécules d'ADN, qui sont présentes dans chacune de nos cellules, sont constituées de milliards d'atomes !

OZONE

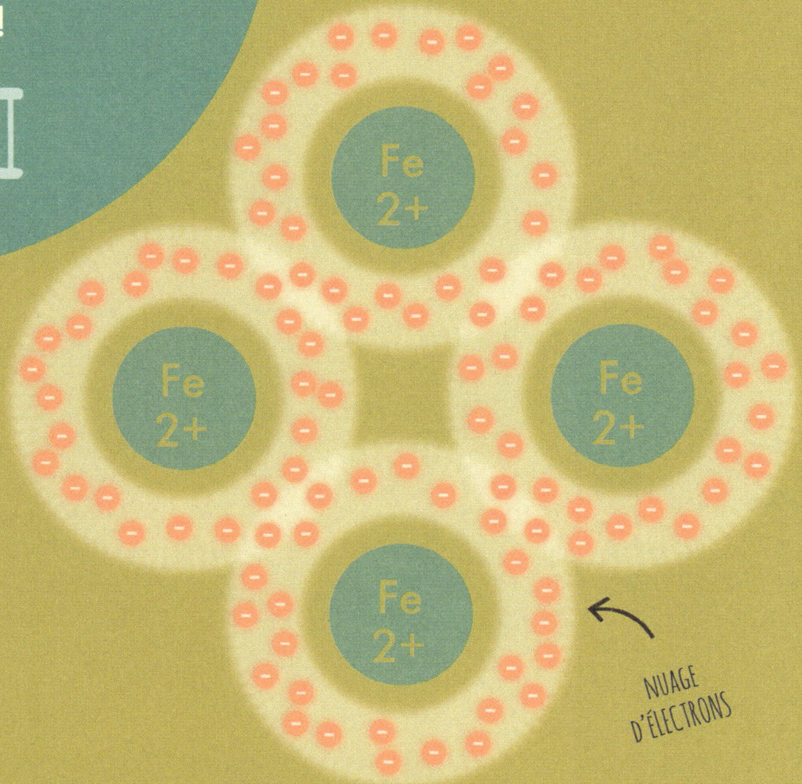

FER

Les métaux sont un peu particuliers. On peut dire que ce sont des supermolécules formées d'un grand nombre d'atomes qui se partagent tous leurs électrons de valence, formant un NUAGE D'ÉLECTRONS qui se déplace librement.

LE SOLEIL ÉMET DE LA LUMIÈRE
BLANCHE CAR IL EST TRÈS CHAUD.
LA LUMIÈRE BLANCHE CONTIENT TOUTES
LES COULEURS DE L'ARC-EN-CIEL.
QUAND ELLE PASSE DANS UN PRISME,
ELLE EST DÉCOMPOSÉE
ET RÉVÈLE TOUTES SES COULEURS.

SPECTRE ATOMIQUE

Quand on chauffe un gaz constitué d'un élément atomique, il émet de la LUMIÈRE.

Si on décompose cette lumière avec un prisme, on ne voit pas toutes les couleurs, contrairement à la lumière du soleil, mais juste quelques raies de couleurs différentes.

C'est un SPECTRE D'ÉMISSION.

Spectre du Soleil

Chaque élément du tableau périodique a son propre spectre d'émission.

Le spectre de l'oxygène, par exemple, est différent de celui de l'hydrogène.

Spectre d'émission de l'hydrogène

Spectre d'émission de l'oxygène

Si on décompose la lumière d'une ÉTOILE et que l'on reconnaît le spectre de l'HYDROGÈNE, on saura que cette étoile contient de l'HYDROGÈNE. De cette manière, on détecte la composition chimique des étoiles sans même avoir à les atteindre !

Pour obtenir le spectre d'une étoile, on utilise un SPECTROSCOPE. Cet instrument de mesure, très sensible et très précis, joue le même rôle qu'un prisme : il décompose la lumière.

AU DÉBUT DU XXe SIÈCLE, LES PHYSICIENS AVAIENT OBTENU LE SPECTRE DE BEAUCOUP D'ÉLÉMENTS, MAIS ILS NE SAVAIENT PAS À QUOI ILS CORRESPONDAIENT.

C'EST LE GRAND PHYSICIEN NIELS BOHR QUI DONNA L'EXPLICATION.

NIELS BOHR

LE PHYSICIEN DANOIS NIELS BOHR S'INTERROGE AU SUJET DES ATOMES.

Niels BOHR a eu une très bonne idée pour expliquer le spectre d'émission et les autres phénomènes de l'atome.

Il s'est dit que les électrons d'un atome devaient circuler sur des sortes d'orbites autour du noyau, un peu comme les planètes autour du Soleil. Mais ils n'occupent que <u>CERTAINES orbites, celles où ils sont « à l'aise ».</u> Toute autre orbite leur est INTERDITE.

On dit que les orbites sont QUANTIFIÉES.

LES PHOTONS ÉMIS PAR UN ÉLÉMENT SONT TOUJOURS DE LA MÊME

L'atome quantifié (selon Bohr)

OULEUR (DE MÊME FRÉQUENCE) : ILS SONT À L'ORIGINE DES RAIES DE LEUR SPECTRE D'ÉMISSION !

L'EXPÉRIENCE DE

Cette célèbre expérience montre que des particules encore plus petites que l'atome (subatomiques) se comportent d'une façon incroyable.

Tout d'abord, imaginons un pistolet qui tire des billes de peinture et un autre qui tire des ondes.

1 En tirant des billes de peinture

Si une seule fente est ouverte, presque toutes les billes de peinture arrivent de l'autre côté, en face de l'ouverture.

Si les deux fentes sont ouvertes, les billes de peinture se répartissent équitablement des deux côtés.

2 En tirant des ondes

Si les deux fentes sont ouvertes, on obtient une trace particulière appelée figure d'interférence. C'est plus facile à comprendre avec un dessin.

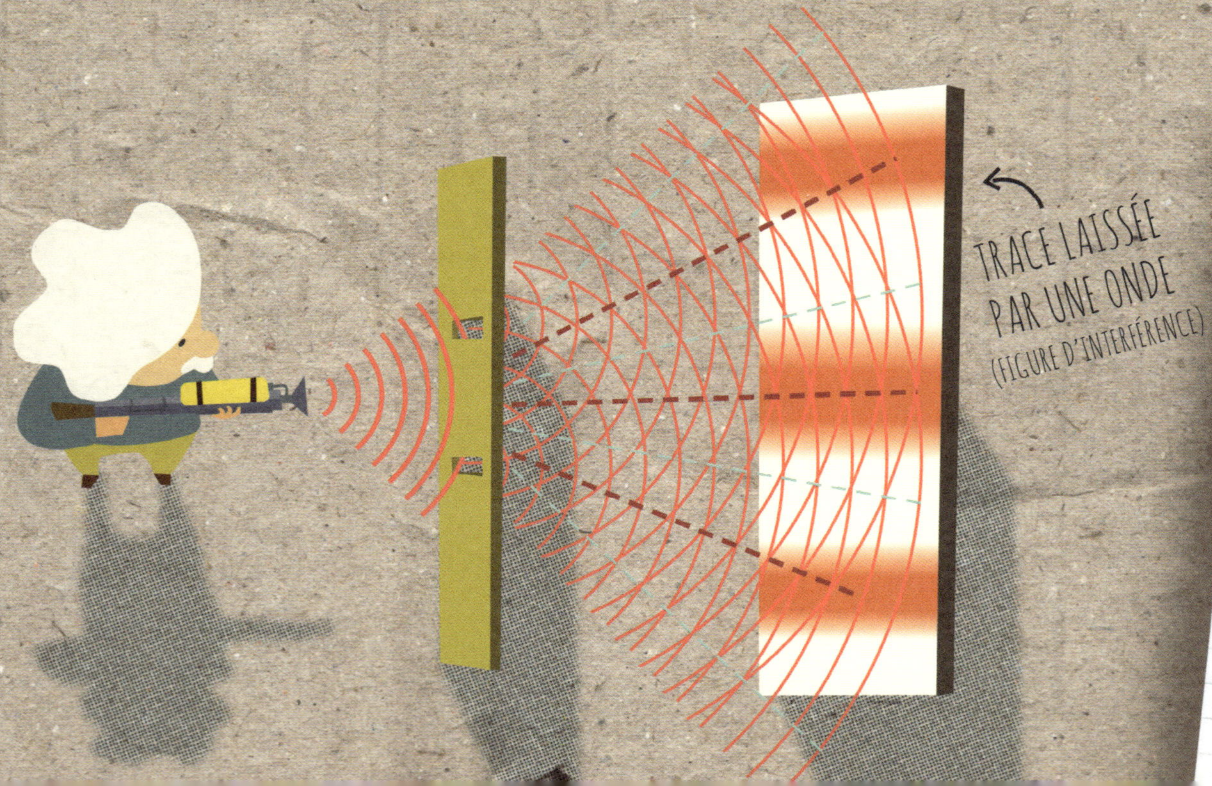

En 1801, Thomas Young fut le premier à réaliser cette expérience avec de la LUMIÈRE. Il constata alors que la lumière se comportait comme une onde. Mais une onde de quoi ? On l'a déjà vu, Maxwell décrit la LUMIÈRE comme une onde électromagnétique (une onde faite d'électricité et de magnétisme).

LA DOUBLE FENTE

LA DUALITÉ ONDE-PARTICULE : LA MAGIE QUANTIQUE

Jusqu'à maintenant, tout cela semble plutôt logique. Mais que se passe-t-il si on plonge dans le monde subatomique ? Refaisons l'expérience de la double fente avec des ***électrons.***

❶ Avec une seule fente ouverte

Si on tire les électrons vers la fente ouverte, ils se comportent comme des billes de peinture. On obtient sur l'écran une **trace similaire à celle produite par des PARTICULES**.

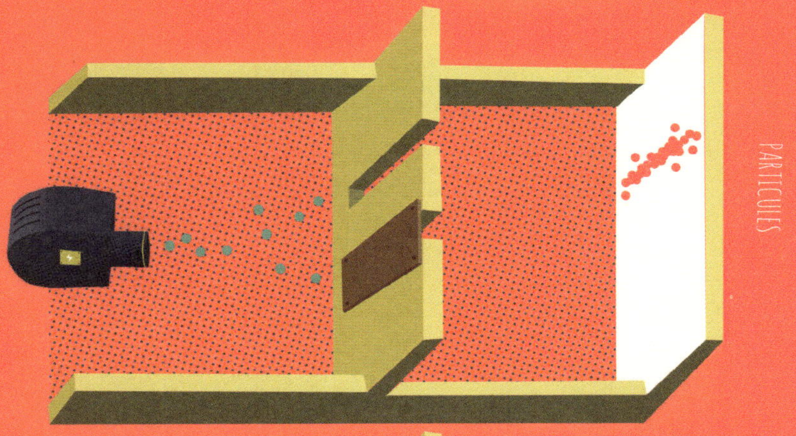

❷ Avec les deux fentes ouvertes

Si les deux fentes sont ouvertes, l'impensable se produit !
On obtient une **trace de même type que pour les ONDES** ! Les électrons ne se comportent plus comme des particules, mais **comme une onde** !

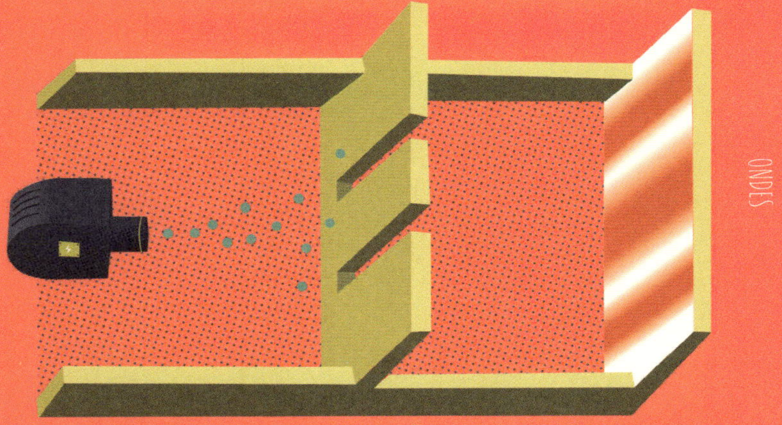

!? **Et comment les électrons savent-ils si une ou deux fentes sont ouvertes ? Est-ce qu'ils communiquent entre eux avant de se comporter comme des PARTICULES ou comme une ONDE ?**

❸ Observons ce qui se passe

Des scientifiques ont placé un instrument pour « voir » par quelle fente passent les électrons quand les deux fentes sont ouvertes.
C'est alors que, aussi incroyable que cela puisse paraître, les électrons se comportent **À NOUVEAU comme des PARTICULES.**

!? **Les électrons « sentiraient » qu'ils sont observés et ça les forcerait à se comporter d'une manière ou d'une autre ?**

On va répondre à toutes ces questions, pas de panique ! On va d'abord accepter que les électrons ne sont pas « soit l'un, soit l'autre ».
Dans une expérience, ils se comportent d'une certaine façon ; dans l'autre, ils se comportent d'une autre façon. C'est ce que l'on appelle la dualité ONDE-PARTICULE.

On a vu que la lumière se comportait aussi de cette façon ÉTRANGE.

Or, il n'y a pas que les électrons et les photons qui ont cette propriété, cette DUALITÉ.
Toutes les particules subatomiques, comme les protons, les neutrons et même les atomes adoptent cet étrange comportement. Cela a même été montré pour certaines grosses molécules.

ONDES DE MATIÈRE

On a vu que les électrons se comportent parfois comme des ondes, mais « des ONDES DE QUOI ? ». Car ce sont ni des ondes de même type que la lumière (électromagnétique) ni des ondes de même type que celles produites par les cordes d'une guitare (ondes mécaniques).

Le physicien français Louis DE BROGLIE, inspiré par les quanta de lumière, pensait que la matière pouvait se comporter comme une ONDE.

Peu de gens l'ont pris au sérieux. Sauf un physicien, l'Autrichien Erwin SCHRÖDINGER, qui a cherché une équation pouvant décrire le phénomène.

Il est arrivé à une conclusion surprenante :

« Les ondes de matière » sont des ONDES DE PROBABILITÉ

Et... Qu'est-ce que ça veut dire, au juste ?

Prenons un exemple :

Le SPIN QUANTIQUE

Le spin est une propriété spéciale des particules. Il indique dans quelle direction elles tournent sur elles-mêmes. Dans le cas de l'électron, on n'a que deux possibilités : HAUT spin (tourne dans un sens) ou BAS spin (dans l'autre sens).

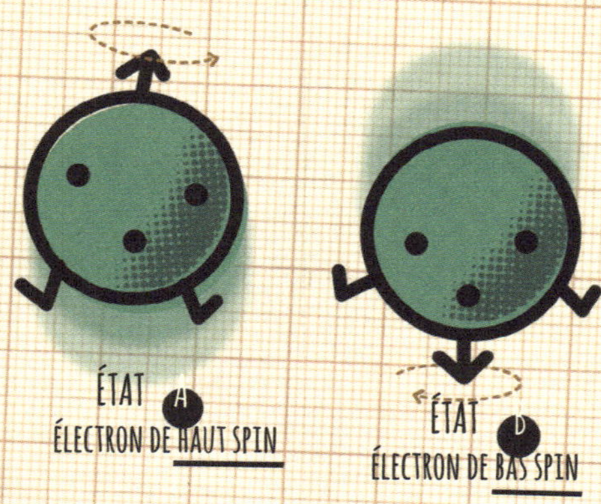

On ne peut pas savoir a priori si un électron est de haut spin ou de bas spin. On sait juste qu'il y a une chance sur deux qu'il soit l'un ou l'autre.

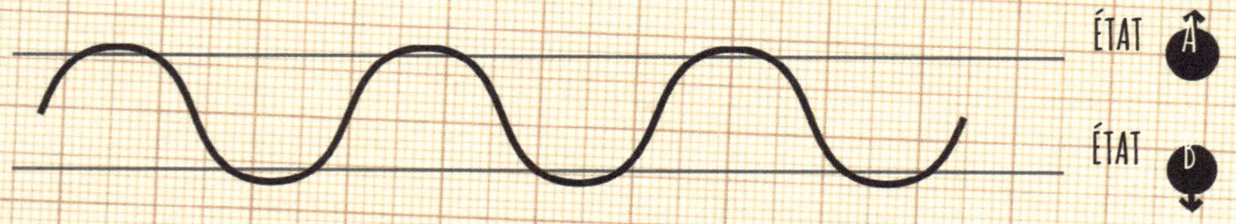

C'est seulement quand on effectue une mesure que l'électron « adopte » l'état de HAUT ou de BAS spin.

On dit alors que la réalité « S'EFFONDRE ».

Voyons comment Schrödinger a utilisé son fameux CHAT pour expliquer cette CURIEUSE idée.

C'est une expérience de pensée très connue (personne n'a jamais mis un chat dans une boîte, voyons !) que Schrödinger a imaginée pour expliquer la physique quantique d'une manière simple.

LE CHAT DE SCHRÖDINGER

L'« effondrement » de la réalité...

Dans cette expérience, un chat est placé dans une boîte avec une bouteille contenant un gaz mortel. En utilisant un mécanisme émettant une particule, la bouteille a 50 % de chances de s'ouvrir et 50 % de chances de ne pas s'ouvrir.

Donc, jusqu'à ce que l'on regarde dans la boîte, il y a 50 % de chances que le chat soit vivant et 50 % de chances qu'il soit mort.

Si on n'ouvre pas la boîte, on peut dire que le chat est à la fois vivant et mort !

C'est seulement quand on ouvre la boîte que l'on découvre l'état du CHAT : il sera soit mort, soit vivant, mais PAS LES DEUX à la fois.

Quand on regarde dans la boîte, on dit que la réalité «s'effondre», car ce n'est qu'à ce moment que l'on sait si le chat est mort ou vivant.

Ce qui est INCROYABLE, c'est que le simple fait de regarder décide de l'état du chat !

Einstein n'aimait pas vraiment l'idée d'une physique quantique reposant sur des probabilités plutôt que sur des résultats prévisibles. « Dieu ne joue pas aux dés » a-t-il dit pour exprimer son désaccord.

LE PRINCIPE D'INCERTITUDE

En voiture, on peut savoir à quelle vitesse on roule en regardant le compteur de vitesse. On peut aussi savoir exactement à quel endroit on est.

En d'autres termes, on peut connaître avec une grande précision, à un moment donné, la vitesse et la position d'un objet.

Et si on veut connaître la vitesse et la position de… je ne sais pas, moi… d'un électron ?

Le physicien Werner HEISENBERG a compris que, comme c'est souvent le cas, les choses sont quelque peu différentes dans le monde quantique. Il a alors établi son fameux principe d'incertitude (ou principe d'indétermination, comme il aimait l'appeler) :

« Il est impossible de connaître avec une parfaite précision la position et la vitesse d'une particule subatomique (comme l'électron, par exemple), à un moment donné. »

Si on sait où est l'électron, on ne peut pas connaître sa vitesse. Et vice versa, si on connaît sa vitesse, on ne peut pas savoir précisément où il est…

On ne peut être sûr à 100 % que d'une chose : soit de la vitesse, soit de la position.

D'HEISENBERG

TU MODIFIES CE QUE TU REGARDES

Si ton microscope utilise un photon (donc de la lumière) pour observer un électron, le photon va heurter l'électron, ce qui va changer sa position ou le ralentir un peu.

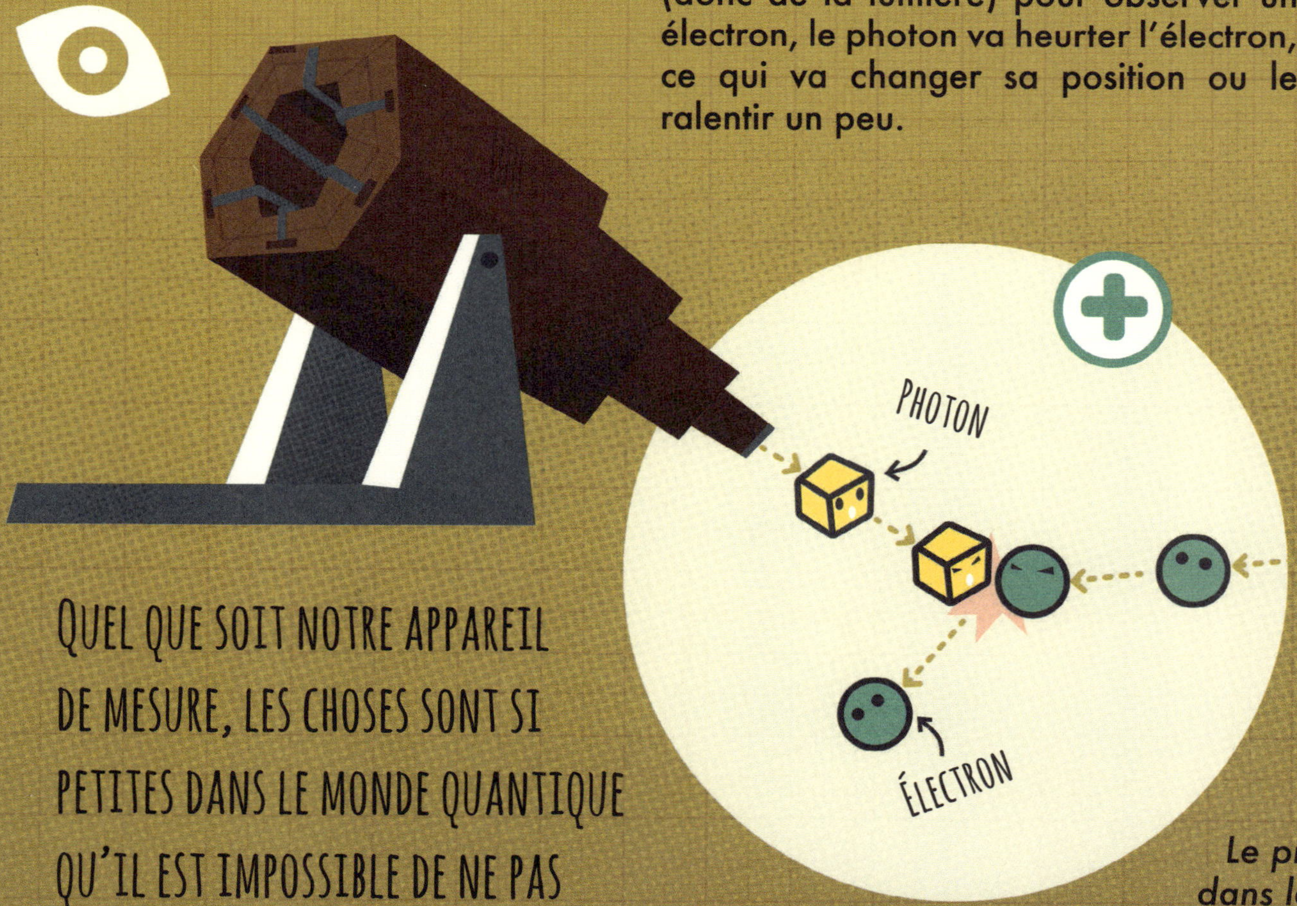

QUEL QUE SOIT NOTRE APPAREIL DE MESURE, LES CHOSES SONT SI PETITES DANS LE MONDE QUANTIQUE QU'IL EST IMPOSSIBLE DE NE PAS LES DÉRANGER QUAND ON LES OBSERVE.

Le principe d'incertitude s'applique aussi dans le monde macroscopique, mais tout est si grand par rapport au monde quantique que son effet est insignifiant.

LE MYSTÈRE DE L'ANTIMATIÈRE

Toute la matière que nous connaissons est constituée d'électrons, de protons et de neutrons. Ce sont ces particules qui forment les atomes.

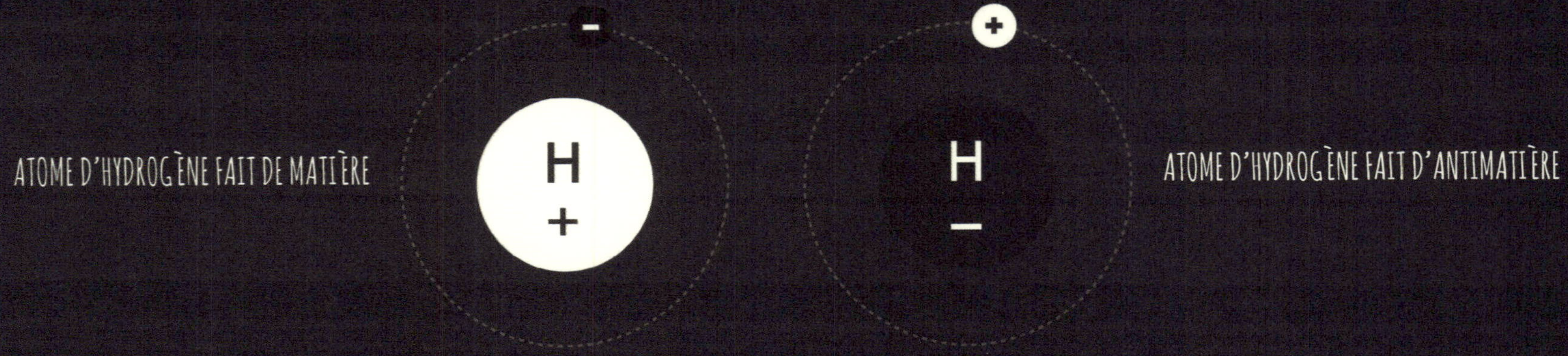

ANTIPARTICULES

Le célèbre physicien Paul DIRAC a découvert que les électrons avaient une particule jumelle de charge opposée : l'antiélectron ou POSITON. Cette particule a les mêmes propriétés que l'électron, hormis sa charge, qui est positive. C'est l'ANTIPARTICULE de l'électron.

C'est la même chose pour le proton. Son antiparticule est l'ANTIPROTON, de charge négative.

Plus généralement, on sait que toute particule a son antiparticule.

ANTIMATIÈRE

L'atome d'hydrogène est constitué d'un seul proton et d'un seul électron (c'est le seul atome qui n'ait pas de neutron).

On peut créer un ANTIATOME d'hydrogène en combinant un ANTIPROTON avec un POSITON.

Les atomes d'ANTIMATIÈRE peuvent ainsi être créés avec des ANTIPARTICULES.

Que se passe-t-il quand un ÉLECTRON et un POSITON se rencontrent ? Eh bien, ils se détruisent l'un l'autre, tout en émettant des rayons GAMMA.

SOIS TRÈS PRUDENT SI TU RENCONTRES TON ANTI-TOI, NE LUI SERRE PAS LA MAIN ! VOUS RISQUEZ DE VOUS ANÉANTIR.

Ne t'inquiète pas. L'antimatière est très rare dans notre univers. On ne sait même pas pourquoi il y en a si peu. Plusieurs théories tentent d'expliquer cette anomalie, qui reste aujourd'hui un mystère non résolu en physique.

L'INTRICATION QUANTIQUE

En mécanique quantique, il est possible que des particules bien distinctes se comportent comme si elles appartenaient à un seul et même système. On dit qu'elle sont intriquées.

Ce qui arrive à l'une des particules peut en affecter une autre, quelle que soit la distance qui les sépare.

En laboratoire, on peut « créer » un système quantique avec deux photons INTRIQUÉS, de manière à ce que l'un d'eux ait un HAUT SPIN et l'autre un BAS SPIN.

On ne sait pas lequel des deux photons à tel ou tel spin, c'est fait au HASARD. Mais si l'on mesure le spin de l'un des deux photons et que l'on trouve HAUT, on sait que l'on trouvera forcément BAS quand on mesurera l'autre.

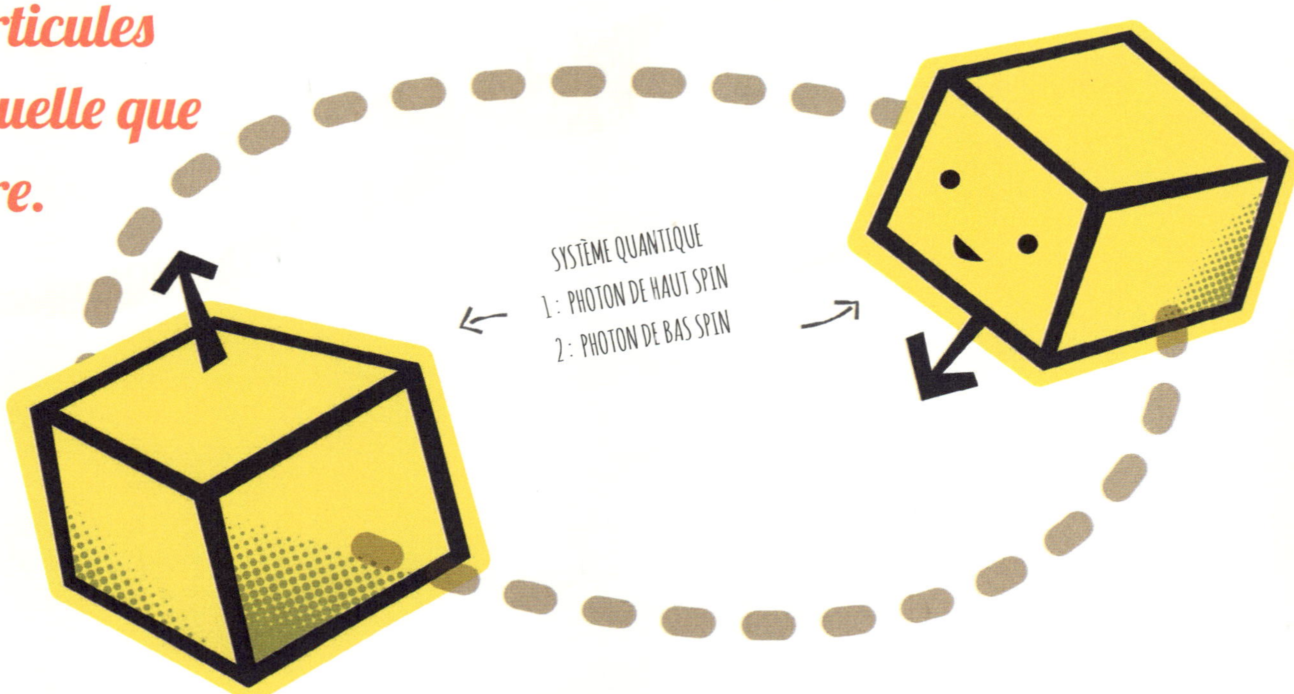

Les photons semblent communiquer ensemble à distance, comme s'ils se parlaient de manière INSTANTANÉE : « Hey ! Je suis HAUT là, donc c'est à ton tour d'être BAS ! »

Ce qui est incroyable, c'est que cela ne dépend absolument pas de la distance qui sépare les deux particules. Si l'un est sur Terre et l'autre sur Mars, il va se passer exactement la même chose !

Or l'une des lois de l'Univers est que rien ne peut aller **plus vite que la lumière.** Alors comment est-il possible qu'ils puissent communiquer INSTANTANÉMENT, quelle que soit la distance qui les sépare ?

C'est ce que Einstein appelait une ACTION FANTÔME À DISTANCE.

Ça fait partie de la MAGIE du monde quantique. Beaucoup de scientifiques (comme Einstein) n'aiment PAS cette idée, mais il semblerait que le monde soit ainsi.

L'intrication a été prouvée de nombreuses fois en LABORATOIRE grâce à une EXPÉRIENCE imaginée par le grand physicien John BELL.

LA RADIOACTIVITÉ

Henri BECQUEREL a découvert la radioactivité naturelle en 1896. Il a remarqué que certains minéraux contenant de l'uranium émettaient spontanément des radiations.

De quoi s'agit-il ?

Certains atomes ont un noyau si gros qu'ils en deviennent INSTABLES. Pour **se débarrasser d'une partie de leur masse, ils produisent un simple rayonnement.**

Ils font ça SPONTANÉMENT, tout seuls, et de différentes manières :

Rayonnement ALPHA (α)

Le noyau de l'atome émet un paquet de deux neutrons et de deux protons (ce qui correspond à un noyau d'hélium) chargé positivement.

Rayonnement GAMMA (γ)

Le noyau émet des photons de très forte énergie pour se débarrasser d'un surplus d'énergie.

Rayonnement BÊTA (β^-)

Le noyau transforme un neutron en un proton et émet un électron : c'est celui-ci que l'on va détecter.

Dans certains cas, c'est l'inverse qui se produit : un proton se transforme en neutron. Ce n'est donc pas un électron qui est émis, mais un POSITON, c'est-à-dire de l'ANTIMATIÈRE ! C'est aussi ce que l'on appelle un rayonnement BÊTA+ (β^+).

Dans tous les cas, l'atome se débarrasse d'une partie de son énergie pour se sentir plus « à l'aise ».

Rappelez-vous, c'est aussi ce que font les électrons lorsqu'ils sautent d'un niveau d'énergie à un autre : le surplus d'énergie est émis sous la forme d'un photon.

LA RADIOACTIVITÉ EST DANGEREUSE POUR LES ÊTRES VIVANTS.

MARIE CURIE était une scientifique remarquable.

MARIE CURIE était une scientifique remarquable. D'origine polonaise, elle s'est installée en France, où elle a étudié le phénomène de radioactivité naturelle avec son mari, Pierre Curie. Ils ont tous deux identifié de nouvelles substances radioactives : le thorium, le polonium (en hommage à son pays natal) et le radium.

MARIE CURIE A REMPORTÉ DEUX PRIX NOBEL, L'UN EN 1903 ET L'AUTRE EN 1911. C'ÉTAIT LA PREMIÈRE PERSONNE, ET AUSSI LA PREMIÈRE FEMME, À OBTENIR LA DOUBLE RÉCOMPENSE.

La médecine utilise aujourd'hui divers rayonnements produits par radioactivité. Par exemple, les rayons X peuvent traverser le corps et révéler une fracture. La radiothérapie est utilisée pour soigner certains cancers en les bombardant de rayons.

La découverte de la radioactivité a non seulement permis de soigner beaucoup de gens, mais elle nous a aidé à comprendre comment la matière est formée.

ÉNERGIE ATOMIQUE OU NUCLÉAIRE

L'énergie atomique peut produire de très grandes quantités d'énergie à partir de la fission ou de la fusion nucléaire.

LA FISSION NUCLÉAIRE

Quand on casse le noyau d'un atome, on libère beaucoup d'énergie. On utilise cette énergie dans les centrales nucléaires pour faire de l'électricité. Malheureusement, c'est aussi un moyen de fabriquer des bombes nucléaires.

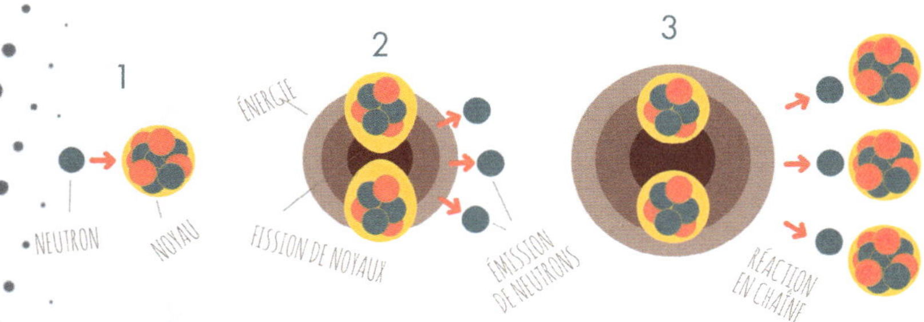

Quand deux noyaux atomiques se rencontrent violemment et fusionnent pour donner un noyau plus gros, ils produisent une quantité spectaculaire d'énergie. C'est le phénomène qui fait briller les étoiles, comme notre SOLEIL. Or, sans étoiles, la vie n'aurait pas pu exister.

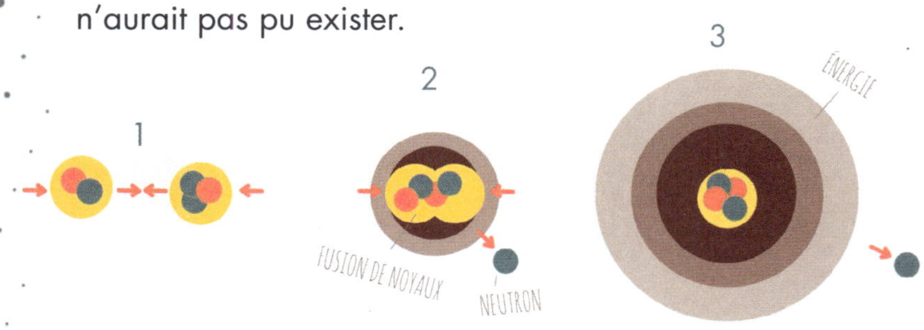

L'EFFET TUNNEL

Imagine que tu puisses traverser les murs. Ce serait cool, non ?

Eh bien, les particules subatomiques sont capables de passer à travers des barrières d'énergie qui ne sont pas si différentes de nos murs, et cela grâce à l'EFFET TUNNEL.

Tout d'abord, prenons un petit exemple de notre quotidien.

Les ondes sonores rebondissent sur les murs de ta chambre, mais une faible partie d'entre elles semble passer au travers, laissant entendre une musique affaiblie de l'autre côté.

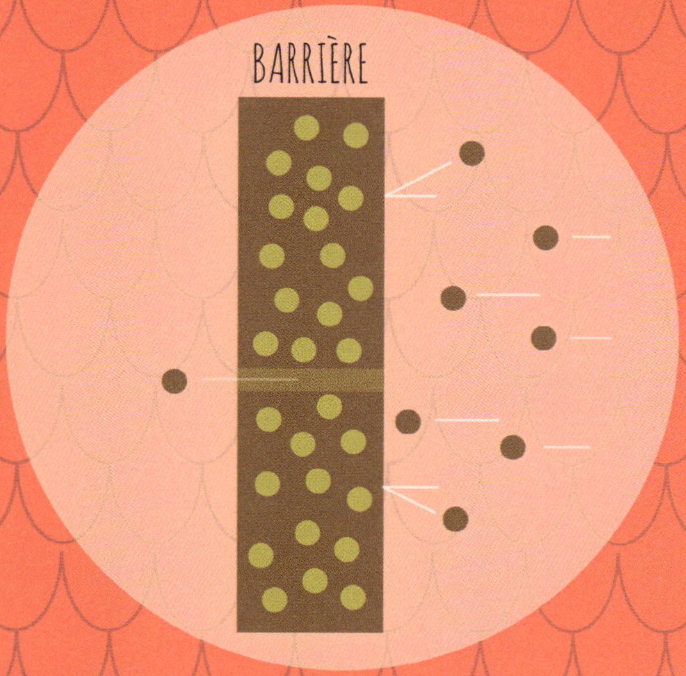

Rappelle-toi, un électron peut se comporter comme une ONDE DE PROBABILITÉ si l'on en croit la dualité onde-particule.

La majeure partie de cette onde électronique rebondit quand elle atteint une barrière, mais une petite partie a une chance de passer au travers.

Auquel cas, c'est comme si l'électron avait réussi à franchir la barrière en passant par un TUNNEL.

Cet effet n'arrive pas qu'aux électrons, il concerne aussi d'autres particules.

Alors, puisque nous sommes faits de protons, de neutrons et d'électrons, pourquoi ne pouvons-nous pas traverser un mur ?

C'est parce que l'onde qui nous est associée est si minuscule que la probabilité pour nous de traverser un mur est infiniment petite. D'ailleurs, ce n'est jamais arrivé ! Mais ATTENTION, cela ne veut pas dire que c'est impossible !

Tu peux essayer, mais je peux te garantir que tu vas très probablement passer ta vie à te cogner contre un mur sans jamais passer au travers (à moins de le casser).

Lors du phénomène de RADIOACTIVITÉ, les particules s'échappent du noyau des atomes grâce à l'EFFET TUNNEL.

DANS L'ACCÉLÉRATEUR DE PARTICULES AU CERN

(Conseil européen pour la recherche nucléaire)

La science avance sans cesse et propose des théories qui doivent être testées par des expériences. Pour les mener à bien, des instruments très spéciaux sont nécessaires.

Pour étudier les plus petits éléments de la matière, les particules subatomiques, il a fallu construire un instrument de mesure gigantesque !

Le grand collisionneur de hadrons (LHC) est le **plus grand accélérateur de particules** du monde. Situé dans un tunnel à cent mètres sous terre près de la ville de Genève, en Suisse, il forme un anneau de 27 kilomètres de diamètre.

À l'aide d'aimants géants, le LHC accélère des faisceaux de **protons** à des vitesses proches de celle de la **lumière**. L'accélérateur produit deux faisceaux de protons qui sont envoyés en sens contraire dans deux tubes différents, puis sont déviés pour provoquer leur **collision**.

Le but est de **reproduire ce qu'il s'est passé aux premiers instants de l'Univers** et de découvrir comment s'est formée la matière que l'on connaît (les particules subatomiques et les atomes) et celle que l'on ne connaît pas ou très peu, comme le boson de Higgs, l'antimatière ou la matière noire.

LES PARTICULES ÉLÉMENTAIRES

Comme leur nom l'indique, elles ne sont PAS composées d'autres particules plus petites qu'elles. On ne peut pas les diviser davantage.

Il y a seulement 50 ans, on pensait que les seules particules élémentaires qui existaient étaient les neutrons, les protons et les électrons.

Grâce aux accélérateurs de particules, on sait aujourd'hui que les protons et les neutrons sont formés de particules encore plus petites appelées QUARKS.

Quand on provoque la collision de deux faisceaux de protons à grande vitesse dans un accélérateur de particules, les protons « éclatent » et on peut ainsi voir de quoi ils sont constitués.

C'est comme ça qu'on a su que les protons étaient formés de trois QUARKS.

Le neutron est aussi constitué de trois QUARKS.

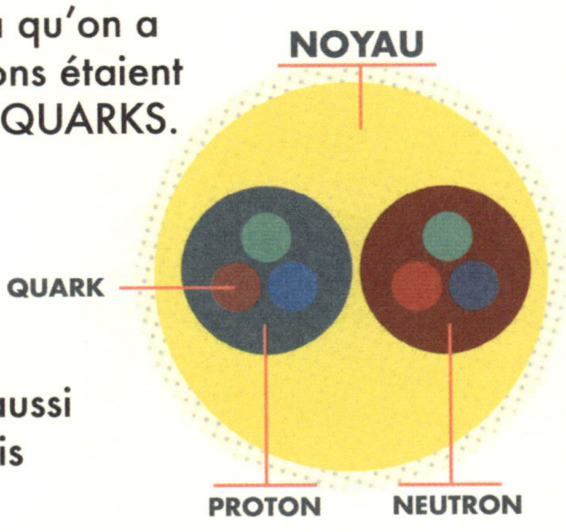

LE MODÈLE STANDARD

Cette théorie décrit les particules élémentaires et les forces qui agissent entre elles.

Aujourd'hui, on pense qu'il y a trois familles de particules élémentaires : les quarks, les leptons et les bosons.

LES QUARKS : constituent les protons et les neutrons.

LES LEPTONS : regroupent la famille de l'électron.

LES BOSONS DE JAUGE : transmettent les forces.

MASSE / CHARGE / SPIN / NOM				
	≈2.4 MeV/c² · 2/3 · 1/2 · **u** · quark up	≈1.275 GeV/c² · 2/3 · 1/2 · **c** · quark charmé	≈172.44 GeV/c² · 2/3 · 1/2 · **t** · quark top	0 · 0 · 1 · **g** · gluon
	≈4.8 MeV/c² · -1/3 · 1/2 · **d** · quark down	≈95 MeV/c² · -1/3 · 1/2 · **s** · quark étrange	≈4.18 GeV/c² · -1/3 · 1/2 · **b** · quark bottom	0 · 0 · 1 · **γ** · photon
	≈0.511 Mev/c² · -1 · 1/2 · **e** · électron	≈105.67 MeV/c² · -1 · 1/2 · **μ** · muon	≈1.7768 GeV/c² · -1 · 1/2 · **τ** · tau	≈91.19 GeV/c² · 0 · 1 · **Z** · boson Z
	<2.2 eV/c² · 0 · 1/2 · **ν_e** · neutrino électronique	<1.7 MeV/c² · 0 · 1/2 · **ν_μ** · neutrino muonique	<15.5 MeV/c² · 0 · 1/2 · **ν_τ** · neutrino tauique	≈80.39 GeV/c² · ±1 · 1 · **W** · boson W

EN PLUS, rappelle-toi que chaque particule a son antiparticule !

≈125.09 GeV/c² · 0 · 0 · **H** · Higgs

LE BOSON DE HIGGS

Il n'y a pas si longtemps, en 2012, l'existence d'une nouvelle particule appelée BOSON DE HIGGS (nommée en l'honneur de son découvreur M. Higgs) a été confirmée au CERN. C'est cette particule qui fait que toute matière a une masse.

C'est donc elle qui est responsable en partie de ton poids !

CES CHOSES DE TOUS LES JOURS QUI UTILISENT LA PHYSIQUE

LES DÉCOUVERTES EN PHYSIQUE SONT À L'ORIGINE DE BEAUCOUP D'INVENTIONS MODERNES. TU PEUX ÊTRE SÛR(E) QUE TA MAISON EST REMPLIE DE GADGETS QUANTIQUES.

Réchauffer de la nourriture dans un MICRO-ONDES

Le rayonnement électromagnétique du four à micro-ondes fait vibrer les molécules d'eau que contient la nourriture.
De cette manière, elles sont chauffées rapidement et en toute sécurité.

Parler au TÉLÉPHONE

Les appareils mobiles (tablettes, smartphones, ordinateurs portables) sont bourrés de gadgets quantiques : écrans tactiles, mémoires flash, microprocesseurs, circuits électroniques.

Les RADIOGRAPHIES

Grâce aux rayons X capables de nous traverser, on peut voir notre squelette et donc savoir si on a quelque chose de cassé.

Cuire un œuf sur une PLAQUE À INDUCTION

Un champ magnétique fait vibrer les atomes métalliques de la casserole ou de la poêle, ce qui les chauffe et nous permet de cuisiner.

Utiliser une lampe à LED

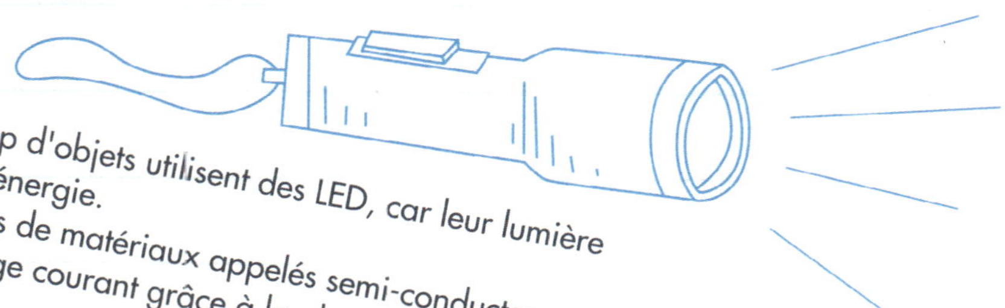

Aujourd'hui, beaucoup d'objets utilisent des LED, car leur lumière consomme très peu d'énergie.
Les LED sont constituées de matériaux appelés semi-conducteurs, qui sont devenus d'usage courant grâce à la physique quantique !

Les LASERS

La théorie quantique permet d'obtenir des rayons de lumière très fins et très puissants : les lasers.
On s'en sert pour lire un DVD, pointer sur un écran, comme scalpels pour certaines opérations chirurgicales et même pour découper du métal.

CE QUE L'ON SAURA FAIRE UN JOUR GRÂCE À LA PHYSIQUE

Jour après jour, la science nous révèle des aspects de la nature qui nous étaient jusque-là inconnus.

Avec le progrès et les découvertes des scientifiques, on fera à l'avenir des choses qui nous paraissent aujourd'hui incroyables.

Les ordinateurs quantiques 10 11

Dans nos ordinateurs, l'information est codée avec des zéros (0) et des uns (1) qui constituent des bits. Les ordinateurs quantiques, eux, utilisent des **qubits** (des bits quantiques) qui, en plus d'avoir les deux états de base 0 et 1, peuvent avoir les deux à la fois grâce à la superposition quantique.
Avec les qubits, il est possible de traiter bien plus d'informations, les ordinateurs seraient des MILLIONS de fois plus rapides qu'aujourd'hui.

Les nanorobots

Les nanorobots sont fabriqués à partir d'un petit nombre de molécules. Introduits dans notre corps, ils nous permettront de détecter et de soigner plus facilement certaines maladies.

De nouveaux matériaux

Grâce à notre connaissance des structures atomiques, de nouveaux matériaux comme le graphène ont été mis au point. Très flexible et élastique, le graphène est aussi des centaines de fois plus résistant que l'acier, très léger et l'un des meilleurs conducteurs d'électricité qui existe. Il sera sûrement possible de l'utiliser pour la fabrication de planeurs ou de bâtiments. Il pourra servir à améliorer la qualité des appareils électroniques et à faire des batteries qui durent plus longtemps.

La téléportation

On a déjà réussi à téléporter de l'information entre deux photons intriqués. Dans le futur, on peut imaginer qu'il sera possible de téléporter une plus grande quantité d'information entre deux points distants. Imagine à quel point Internet sera rapide !

Écrans flexibles

Les écrans plats de nos télés et des appareils mobiles seront bientôt flexibles. On pourra les plier et même les enrouler. Il sera par exemple possible de couvrir des murs entiers avec ces écrans souples. Les murs comme les sols et les plafonds pourront devenir des écrans de télé !

Des lunettes interactives

Dans le futur, nous aurons des verres de lunettes qui agiront comme des écrans et qui nous donneront accès à des informations sur tout ce que l'on regarde. Tu t'imagines faire du tourisme avec un guide incorporé dans tes lunettes ?

La philosophie

La physique quantique pose beaucoup de questions à propos de ce qu'est la **réalité**. Dans les années à venir, les scientifiques et les philosophes pourraient travailler ensemble pour mieux étudier l'influence de ces innovations sur notre existence.

FRISE CHRONOLOGIQUE QUANTIQUE

L'expérience de la double fente de Young

Einstein présente la THÉORIE DE LA RELATIVITÉ GÉNÉRALE.

Fin de la Première Guerre mondiale

Début de la Première Guerre mondiale

Rutherford découvre le NOYAU ATOMIQUE. (p. 16)

1910

Marie Curie reçoit un premier Prix Nobel pour ses travaux sur la RADIOACTIVITÉ. (p. 36)

1917 1916 1915 … 1910 1909 … 1906 1905 1904

1918 1919

Niels Bohr publie son MODÈLE DE L'ATOME. (p. 25, 26)

Einstein publie ses quatre articles révolutionnaires.

1920

De Broglie associe l'onde à l'électron.

Introduction de l'idée de SPIN par Goudsmit et Uhlenbeck (p. 30)

Dirac trouve une équation qui prédit l'existence du positon, antiparticule de l'électron. (p. 34)

1930

Chadwick découvre le NEUTRON.

1920 1921 1922 1923 1924 1925 1926 … 1928 1929 1930 1931 1932 1933

Schrödinger établit sa fameuse équation d'onde.

Pauli formule le PRINCIPE D'EXCLUSION.

Heisenberg annonce le PRINCIPE D'INCERTITUDE. (p. 32)

Schrödinger énonce l'expérience de pensée de son fameux chat. (p. 30,31)

1980

L'expérience de la double fente est effectuée sur des électrons pour tester les théories de Feynman. (p. 28-29)

Premières expériences des inégalités de Bell en faveur de L'INTRICATION QUANTIQUE.

1970

1982 1981 1980 1979 1978 1977 1976 … 1973 1972 1971 1970 1969

XXIe siècle

1984

Alain Aspect vérifie expérimentalement l'hypothèse de l'INTRICATION QUANTIQUE. (p. 35)

Découverte du QUARK BOTTOM (B) au Fermilab, à Chicago (p. 41)

Milieu des années 1970 – Développement du MODÈLE STANDARD (p. 41)

1990

Première téléportation quantique à l'Université d'Innsbruck

1985 1986 1987 1988 1989 1990 1991 1992 1993 1994 1995 1996 1997 1998 1999 200…

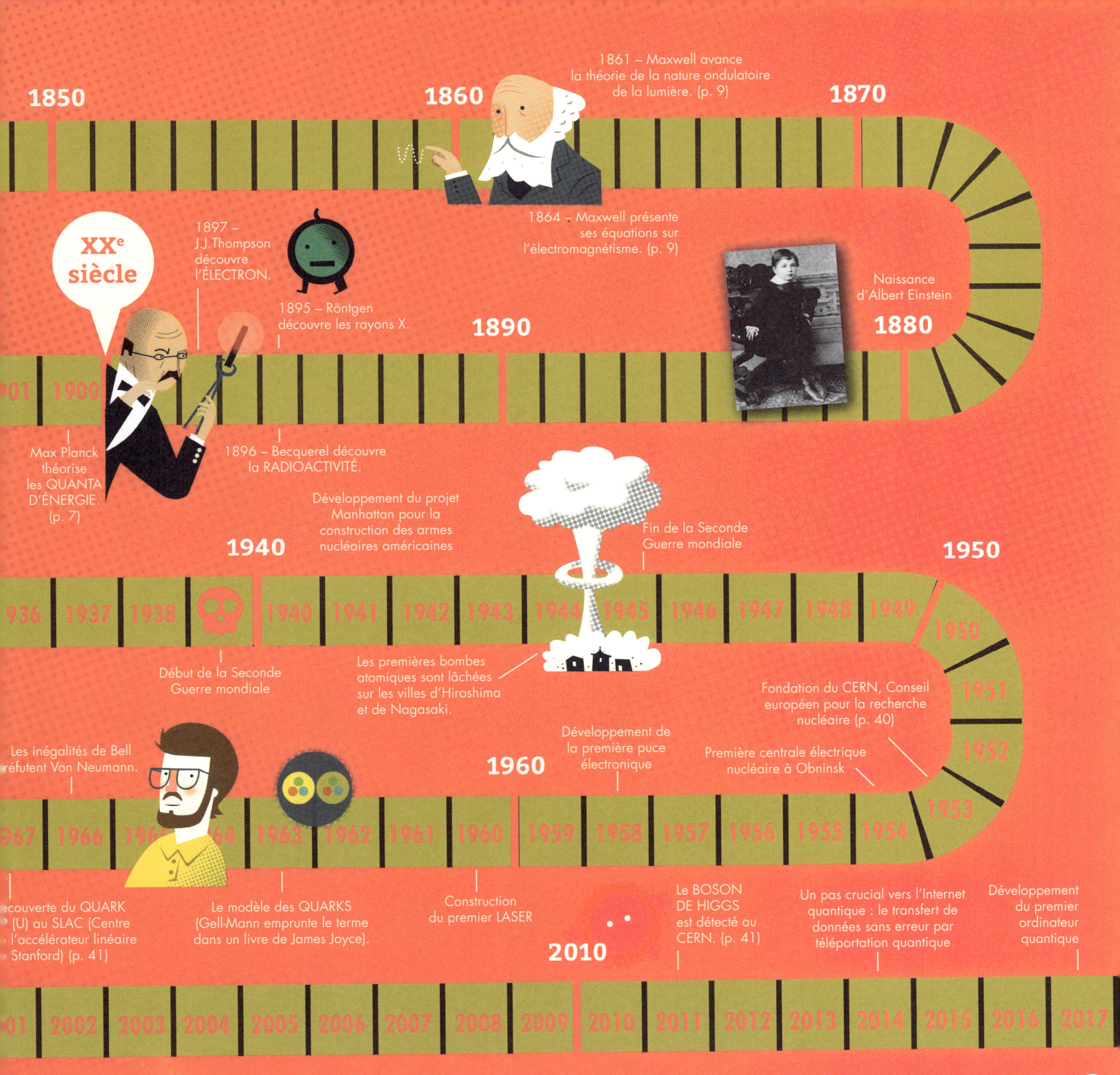
1850
1860
1861 – Maxwell avance la théorie de la nature ondulatoire de la lumière. (p. 9)
1870
1864 – Maxwell présente ses équations sur l'électromagnétisme. (p. 9)
Naissance d'Albert Einstein
1880
1890
1897 – J.J.Thompson découvre l'ÉLECTRON.
1895 – Röntgen découvre les rayons X.
XXe siècle
1900
Max Planck théorise les QUANTA D'ÉNERGIE. (p. 7)
1896 – Becquerel découvre la RADIOACTIVITÉ.
Développement du projet Manhattan pour la construction des armes nucléaires américaines
Fin de la Seconde Guerre mondiale
1940
1950
1936 1937 1938 1940 1941 1942 1943 1944 1945 1946 1947 1948 1949 1950
Début de la Seconde Guerre mondiale
Les premières bombes atomiques sont lâchées sur les villes d'Hiroshima et de Nagasaki.
1951 1952 1953
Fondation du CERN, Conseil européen pour la recherche nucléaire (p. 40)
Première centrale électrique nucléaire à Obninsk
Développement de la première puce électronique
1960
Les inégalités de Bell réfutent Von Neumann.
1967 1966 1963 1962 1961 1960 1959 1958 1957 1956 1955 1954
couverte du QUARK (U) au SLAC (Centre l'accélérateur linéaire Stanford) (p. 41)
Le modèle des QUARKS (Gell-Mann emprunte le terme dans un livre de James Joyce).
Construction du premier LASER
Le BOSON DE HIGGS est détecté au CERN. (p. 41)
Un pas crucial vers l'Internet quantique : le transfert de données sans erreur par téléportation quantique
Développement du premier ordinateur quantique
2010
2002 2003 2004 2005 2006 2007 2008 2009 2010 2011 2012 2013 2014 2015 2016 2017

UN UNIVERS MATHÉMATIQUE

Les idées scientifiques présentées dans ce livre avec de simples mots peuvent aussi être exprimées dans un autre langage : celui des MATHÉMATIQUES. Les MATHÉMATIQUES sont le langage de l'Univers et nous en avons besoin pour comprendre la « RÉALITÉ » du monde qui nous entoure.

Nous vous présentons ici quelques équations célèbres

Seconde loi de Newton

$$\vec{F} = m\vec{a}$$

Cette loi décrit le mouvement des objets. Si on souhaite changer la quantité de mouvement d'un objet, on doit lui appliquer une force : sinon, il restera tel qu'il est.

Les équations de Maxwell

$$\nabla \vec{E} = \frac{\rho}{\epsilon_0}$$

$$\nabla \times \vec{E} = -\frac{\partial \vec{B}}{\partial t}$$

$$\nabla \vec{B} = 0$$

$$\nabla \times \vec{B} = \mu_0 \vec{J} + \frac{1}{c^2}\frac{\partial \vec{E}}{\partial t}$$

Elles décrivent les phénomènes électromagnétiques qui voyagent à la vitesse de la lumière.

La dualité onde-particule

L'équation de Schrödinger *(indépendante du temps)*

$$E|\Psi\rangle = \hat{H}|\Psi\rangle$$

Cette équation est utilisée pour calculer les orbitales atomiques et moléculaires. On s'en sert pour connaître la position des électrons.

Le principe d'incertitude d'Heisenberg

$$\Delta x \Delta p \geq \frac{\hbar}{2}$$

Si on connaît la position d'une particule, on ne peut pas connaître avec précision sa vitesse, et inversement.

$$\lambda = \frac{h}{p}$$

L'équation de De Broglie

Cette équation nous montre que la matière peut aussi se comporter comme une onde.

Source : Wikipédia, Einstein1921 par F. Schmutzer

L'équivalence masse-énergie (Einstein)

C'est de là que vient l'énergie du Soleil.

$$E = mc^2$$

L'énergie du photon

$$E = h\nu$$

C'est l'équation que Planck a établie pour décrire les quanta d'énergie et qu'Einstein a ensuite utilisée pour expliquer l'effet photo-électrique.

L'équation de Dirac

Grâce à cette équation, on a appris l'existence de l'ANTIMATIÈRE.

$$(i\hbar\gamma^\mu\partial_\mu - mc)\psi = 0$$

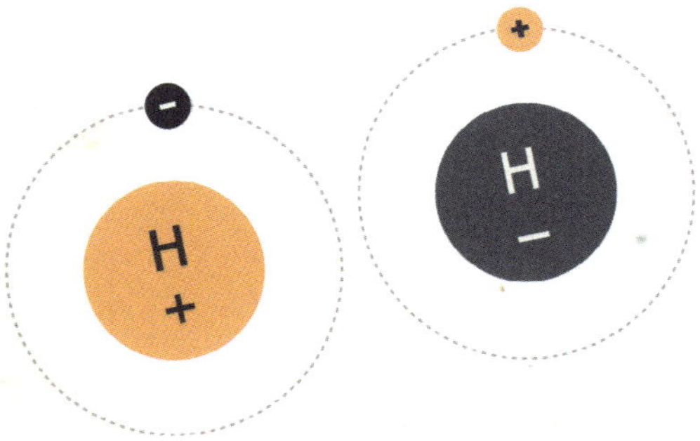

Les constantes universelles

Ce sont des nombres qui ne changent jamais et qui apparaissent dans les équations mathématiques. En voici trois des plus importantes :

La constante de Planck :

$$h = 6{,}62607015 \times 10^{-34}\ \text{Js}$$

La vitesse de la lumière :

$$c = 299\,792\,458\ \text{m/s}$$

La charge élémentaire (d'un électron) :

$$e = 1{,}60217662 \times 10^{-19}\ \text{C}$$

REMERCIEMENTS

De *Sheddad* - Merci à **Diego Jurado** et **Carles Muñoz**, pour la relecture du livre. Ce sont deux grands amis avec qui je partage une passion pour la physique et avec qui j'ai passé tellement de bons moments d'échanges scientifiques depuis nos années à l'université.

À **Salva Sanchis**, pour sa contribution à ce projet avec une vision de père, d'artiste, et en tant qu'ami.

À ma femme **Helena**, pour la relecture et la correction du texte, et surtout pour avoir toujours été là, à nos deux enfants **Tarek** et **Unai**, pour avoir modelé encore et encore les idées de ce livre. Et bien sûr, à **Inma**. Sans eux, rien ne ferait sens.

De *Eduard* - Mille mercis à tous ceux qui ont rendu ce livre possible, en particulier à **Meli**, mais aussi à **Pere**, **Lourdes** et **Ariadna**, pour leur soutien constant et leur patience infinie.

Également aux béta-testeurs, **Xavi Villanueva**, **Josep Boix**, **Pere Altarriba** et **Picu Oms**, qui ont été assez gentils pour voir ce qu'on n'arrivait plus à voir.

Et à Albert Einstein, Max Planck, Niels Bohr, Marie Curie ... Et plus généralement à toutes ces femmes et ces hommes dédiés à la science et dont le travail a rendu, rend et rendra possible d'avancer toujours plus loin.